国家职业技能等级认定培训教材

前厅服务员

（中级）

编写人员

主　编　洪　涛

中国劳动社会保障出版社

图书在版编目(CIP)数据

前厅服务员：中级/人力资源社会保障部教材办公室组织编写. -- 北京：中国劳动社会保障出版社，2023

国家职业技能等级认定培训教材

ISBN 978-7-5167-5773-4

Ⅰ.①前… Ⅱ.①人… Ⅲ.①饭店-商业服务-职业技能-鉴定-教材 Ⅳ.①F719.2

中国国家版本馆 CIP 数据核字(2023)第 054786 号

中国劳动社会保障出版社出版发行

(北京市惠新东街 1 号 邮政编码：100029)

*

保定市中画美凯印刷有限公司印刷装订 新华书店经销

787 毫米×1092 毫米 16 开本 9 印张 145 千字

2023 年 5 月第 1 版 2023 年 5 月第 1 次印刷

定价：24.00 元

营销中心电话：400-606-6496

出版社网址：http://www.class.com.cn

前　言

为加快建立劳动者终身职业技能培训制度，大力实施职业技能提升行动，全面推行职业技能等级制度，推进技能人才评价制度改革，促进国家基本职业培训包制度与职业技能等级认定制度的有效衔接，进一步规范培训管理，提高培训质量，人力资源社会保障部教材办公室组织有关专家在《前厅服务员国家职业标准》（以下简称《标准》）制定工作基础上，编写了前厅服务员国家职业技能等级认定培训教材（以下简称等级教材）。

前厅服务员等级教材紧贴《标准》要求编写，内容上突出职业能力优先的编写原则，结构上按照职业功能模块分级别编写。该等级教材共包括《前厅服务员（基础知识）》《前厅服务员（初级）》《前厅服务员（中级）》《前厅服务员（高级）》4本。《前厅服务员（基础知识）》是各级别前厅服务员均需掌握的基础知识，其他各级别教材内容分别包括各级别前厅服务员应掌握的理论知识和操作技能。

本书是前厅服务员等级教材中的一本，是职业技能等级认定推荐教材，也是职业技能等级认定题库开发的重要依据，适用于职业技能等级认定培训和中短期职业技能培训。

人力资源社会保障部教材办公室

目　录 CONTENTS

职业模块 1 客房预订服务

客房预订服务是酒店接受宾客预订后，对宾客预订进行确认的一项服务。对宾客预订及时确认能够有效保证客房的预计出租率，从而最大限度地提高客房的出租率。

宾客在预订客房之后可能会变更预订或取消预订，面对此类情况，酒店要及时进行更改，确保预订信息的准确性。由于客情的变化，在宾客预订之后，酒店也有可能不能保证宾客的订房，遇到这样的情况，酒店也要有相应的应对办法。

在确保宾客的预订信息准确无误的前提下，酒店要做好宾客抵店前的各项准备工作，并保证将宾客预订的各种信息传递到酒店的其他部门。而作为从事接受宾客预订客房工作的前厅服务员，做好这一工作至关重要。

本章重点讲解预订的处理和宾客抵店前的准备工作。这部分内容是确保预订信息准确的重要一环。其中，针对超额预订的处理虽然有公式可以计算，但其与酒店以往的各项数据和前厅服务员所具备的酒店预订操作经验有很大的关系。

培训课程 1 预订处理

预订处理是指酒店方在接到宾客预订后进行的一系列处理工作。这部分工作包括对宾客预订信息的确认及处理、对宾客预订信息的更改或者取消的处理和对超额预订的处理。

对宾客预订信息的确认及处理和对宾客预订信息的更改或者取消的处理，能确保预订信息的准确性，保证酒店客房的出租率。

对酒店超额预订的正确处理既能保证酒店客房的销售，又能维护宾客的利益。

本节的内容对于确保预订信息的准确性很重要。其中，有关超额预订的内容需要重点把握。

学习单元 1　预订确认书的填写

一、预订流程

为了确保客房预订工作的高效运行，前厅部必须建立健全客房预订流程。通常客房预订的流程如图 1-1 所示。

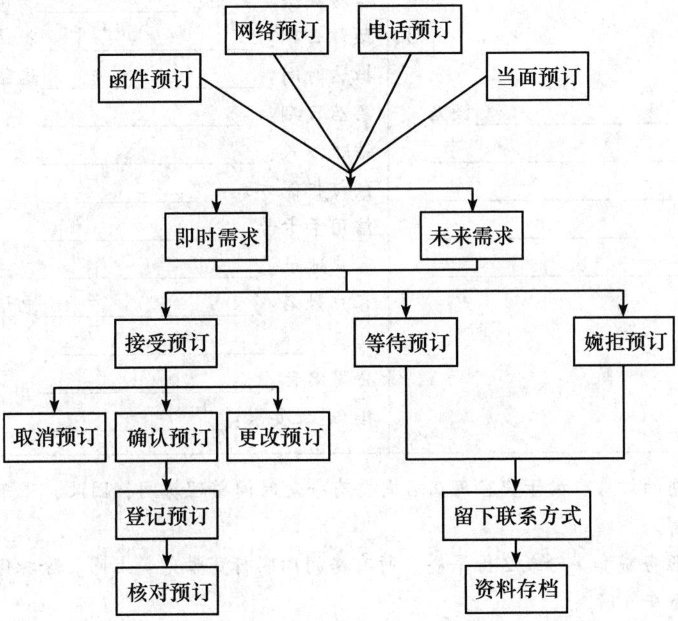

图 1-1　客房预订的流程

客房预订通常有函件预订、网络预订、电话预订和当面预订 4 种方式。当酒店接受预订后，前厅服务员应先根据宾客预订要求，判断是接受预订还是等待预订或婉拒预订，然后再按预订流程分别处理。

二、预订确认的方式

前厅服务员在接到宾客的预订要求后，应立即将宾客的预订要求与酒店客房的利用情况进行对照，确定是否能够接受宾客的预订，如果可以接受，就要对宾客的预订加以确认。确认预订的方式通常有口头确认和书面确认两种。口头确认一般只用于宾客订房时间与抵店时间很接近时。书面确认是采用书面的形式进行确认，如邮寄、传真回复确认等。如果条件允许，酒店一般应采用书面确认的方式向宾客寄发预订确认书（见范例 1–1）。

范例 1-1

预订确认书

______________酒店 地址：______________ 电话：______________ 您对：______________ ______________ 的预订已确认	客房类型、数量：__________房价：__________ 预订日期：__________抵达日期：__________ 抵达时间：__________逗留天数：__________ 离店日期：__________ 结账方式：__________ 预订担保方式：__________ 信用卡卡号：__________ 客户地址：__________ 客户姓名：__________电话：__________ 传真：__________ 公司名称：__________ 接/送机要求：__________
本酒店确认了您的订房。由于宾客离店后需要有一定时间整理房间，因此，下午两点以前恐不能安排入住，请谅解。 房价包含 15%服务费和 1 份或 2 份早餐。所有房间均实行宽带免费上网。除担保预订外，所有预订房间只保留至下午 6 时。 预订员：__________	

1. 书面确认的优点

书面确认与口头确认相比有以下优点。

（1）书面确认需要复述宾客的订房要求，不但能使宾客了解酒店是否已正确理解并接受他的订房要求，使宾客放心，而且可以减少差错和失误。

（2）确认书除了复述宾客的订房要求外，还写明了房价、为宾客保留客房的时间、预订担保方式及付款方式等，在酒店与宾客之间达成了某种书面协议，申明酒店对宾客承担的义务及有关变更预订、取消预订以及其他有关方面的规定，以书面形式确立了酒店和宾客的关系。

（3）确认书可以进一步证实宾客的个人情况，如姓名、地址等，从而减小各种信用风险。所以持预订确认书的宾客比未经预订直接抵店的宾客在信用上更可靠。

（4）书面确认比较正式，对于大型团队、重要宾客，特别是知名人士、政府官员、国际会议等订房，要由前厅部经理或酒店总经理签发确认书，以示尊重和重视。无论是口头确认还是书面确认，都必须向宾客申明酒店规定的抵店时限。

2. 预订确认书的要求

预订确认书（见范例 1-1）是用来确认订房的，其要求如下。

（1）必须按预订确认书的项目，准确无误地打印预订确认书。

（2）每天接收的传真、信件订房，必须在当天尽快地用预订确认书回复对方。

（3）预订确认书必须保持整洁，内容要清楚明了、准确无误。

三、特殊要求的预订确认

宾客在预订客房的同时也会提出一些特殊要求。对于这些特殊要求，酒店方可以根据酒店的实际情况适当地满足宾客。特殊要求通常有以下几种情况。

1. 订班车确认

（1）了解航班、车次

询问宾客抵达的航班、车次，若需要班车接送的服务应记录在预订确认书上，并将班车费用告知宾客。切记，在确认时应了解准确的信息，尤其是航班号、车次号必须确认清楚。

（2）订班车

订班车应在计算机中特殊服务处注明。在抵达时间处注明航班、车次的抵达时间，或者将宾客姓名、需乘的班车时间及航班、车次等信息告知大厅服务处先进行预订。然后提前一天由领班再次核查后安排好班车，确保安排无误，且储存在计算机中必须要有标识。填写订车单时，必须按其项目准确地填写清楚，字迹要端正、清晰，订车单要保持整洁。通知大厅服务处的信息要准确。当天新增、更改、取消订车，必须立即通知汽车调度及酒店代表。

（3）填写派车单

派车单见范例 1-2。填写时应看清派车要求，特别是费用问题，应详细了解付费方式。应填写四联派车单。均注明宾客姓名、抵达日期、航班车次等，其中一联留存，其他三联分别交收银处一联、大厅服务处一联、前厅车队一联，费用与前厅礼宾车队结算。派车单填写不能有误，要让各相关岗位能清楚地了解付费方式。最后将填写好的派车单附在客房预订单的后面。

范例 1-2

派车单

宾客姓名＿＿＿＿＿＿＿＿＿＿＿＿＿＿＿＿＿＿＿＿＿＿＿＿＿＿

＿＿＿＿＿＿＿＿＿＿＿＿＿＿＿＿＿＿＿＿＿＿＿＿共＿＿＿人

车型＿＿＿＿＿＿＿＿＿＿＿＿数量＿＿＿＿＿＿＿＿

抵达日期＿＿＿＿＿＿＿＿航班车次＿＿＿＿＿＿＿＿抵达时间＿＿＿＿

接车地点＿＿＿＿＿＿＿＿＿＿＿＿接车后送往＿＿＿＿＿＿＿＿＿＿

送车日期＿＿＿＿＿航班车次＿＿＿＿＿宾客要求离馆时间＿＿＿＿

送往地点＿＿＿＿＿＿＿＿＿＿＿＿＿＿注：请汽车调度与宾客确认送车时间

收费方式（　　）现付/签单入房数（　　）报账＿＿＿＿＿＿＿＿

（　　）请汽车调度与宾客确认付款方式

预订方式＿＿＿＿＿＿＿＿＿＿＿＿填表日期＿＿＿＿＿＿＿＿＿＿

职员签名＿＿＿＿＿＿＿＿＿＿＿＿调度签名＿＿＿＿＿＿＿＿＿＿

备注：

（4）向宾客确认

将航班车次号、抵达日期、抵达地点、数量等信息写在确认书的备注栏目中，发送给宾客确认。

2. 订票确认

（1）获悉信息

获悉具体订票要求和订票信息。

（2）填写并发订票单

订票单见范例 1-3。根据订票要求填写订票单，订票单一式三联，注明宾客姓名、航班（车次）、目的地、证件号码、订票日期、订票数量等，填好后将订票单发往票务中心并签收。其中一联留票务中心，二联带回并附在订房资料的后面，提前一天由领班再次核查后将其中一联订票单转交总台，在宾客进店时交给宾客。同时应将订票的要求传递给票务中心再次核查，确保已按宾客要求预订。订票的信息填写准确，不能有误。

范例 1-3

订票单

宾客姓名	航班	车次	目的地	证件号码	订票日期	订票数量	备注

审核：　　　　　　　　　　　　　　　　　　　　　　　　　　　　制表人：

（3）修改信息

在计算机相关信息的离开时间处输入航班（车次）号和离开时间（火车提前 1 小时，飞机提前 2 小时），确保计算机中的信息是最新、最准确的。

（4）向宾客确认

将所订的航班（车次）号、抵达日期、抵达地点、数量等信息写在确认书的备注栏中发送给宾客确认。信息必须完全准确，不能有误。

3. 订餐确认

订房时附带订餐，接到订房订餐的通知后，填写订餐单。订餐单项目主要包括宾客姓名、人数、餐类、每人标准、费用报账单位、订餐的根据、工号、填单日期等信息。然后将订餐单订在客房预订单的右上角，并在客房预订单上注明订餐种类，将要订餐的资料复印一份夹在客房预订单后，以方便主管检查。同时应将所订餐的相关信息写在确认信的备注栏中，发送给宾客确认，确认信中的信息必须完全准确，不能有误。散客订餐单、团队订餐单见范例 1-4、范例 1-5。

4. 订鲜花、水果确认

根据宾客要求填写鲜花单，一般在宾客抵店前半小时将鲜花放入客房。鲜花单一式四联（客房中心、前台收银、宾客留存、预订留存各一联）。根据宾客要求填写水果单，一般在宾客抵店前半小时将水果放入客房。水果单一式四联（西餐送餐服务、前台收银、宾客留存、预订留存各一联）。若服务免费，则单据无须给前台收银。应注意的是，若为销售部下单、宾客为VIP（very important person）、鲜花或水果免费等情况，前厅服务员应将房号报给大堂经理，由大堂经理进行安排。

将所订的鲜花和水果的相关信息写在确认书的备注栏中发送给宾客确认，确认书中的信息必须完全准确，不能有误。

范例 1-4

散客订餐单
DINNER ORDER FORM

No.

房号 Room No.	姓名 Name		国籍 Nationality
餐厅名称 Name of Restaurant			
用膳日期和时间 Date & Time			
人数 Persons		台数 Tables	
每人（台）标准 Price for each Person（table）			
有何特殊要求 Special Preferences Price			
处理情况	餐厅承办人：		经手人：

范例 1-5

团队订餐单

No.

订餐人员姓名	订餐单位	订餐人数	餐类	每人标准	订餐费用报账单位	订餐根据	工号	填单日期	备注

相关链接

保证类预订

在酒店与未来宾客之间建立了更牢靠的关系后，宾客可以通过下列方法进行订房担保。

1. 信用卡

宾客在订房时向酒店声明，将使用信用卡为所预订的房间付款，并把信用卡的种类、号码、失效期及持卡人的姓名告诉酒店。如宾客在预订日期未抵达酒店，酒店可以通过信用卡公司获得房费的补偿。

2. 预付定金

对于酒店来说，最理想的保证类预订方法是要求宾客预付定金，如现金、支票、汇款等酒店认可的形式。

3. 订立合同

订立合同是指酒店与有关客户单位签订的订房合同。合同内容主要包括签约单位的地址、账号以及同意对因失约而未使用的订房承担付款责任的说明。合同还应规定通知取消预订的最后期限，如签约单位未能在规定的期限通知取消预订，酒店可以向对方收取房费等。

由于各地区、各酒店的实际情况不同，住房担保的方法也不尽相同。采取何种订房担保，应视情况而定。

操作技能

预订确认书的填写

一、工作准备

1. 检查预订报表和各种统计表，掌握已经订出的客房情况、订房数量。

2. 查找计算机中的记录，明确当日住店和即将离店宾客状况，掌握哪些客房从哪天开始可以预订，防止订房与住店宾客用房发生冲突。

3. 准备好预订单和预订表格、用品，调整、设置计算机处于待工作状态。

4. 24 小时网络技术支持。

5. 预订员应熟练掌握 Office 系列办公自动化软件的使用方法。

6. 预订员必须熟悉传真机等设备的正确使用方法。

二、工作程序

1. 与宾客确认订房细节

工作程序	工作标准	注意事项
1. 打电话给宾客	按照订房单上所留的联系方式打电话给宾客，主动报出自己的姓名	（1）告诉对方打电话的目的 （2）与宾客交流中使用敬语
2. 确认订房细节	（1）将所受理的信息向宾客复述一遍以示确认	（1）将所有预订信息全部重复一遍

续表

工作程序	工作标准	注意事项
2. 确认订房细节	(2) 如订房时有订票、订车等特殊服务要求，要与宾客再次确认 (3) 如在确认过程中有新的变化，则需准确记录在订单上	(2) 再次确认以避免出现错误
3. 记录对方的姓名	将对方的姓名记录在订房单的确认人一栏中，同时记下日期	必须留下对方的姓名以便联系和备查

2. 电话确认次日散客预订

工作程序	工作标准	注意事项
1. 拿出次日到店的预订资料夹	从预订资料柜中取出次日到店的预订资料夹	确保核查的是次日的订房，日期准确
2. 打电话	根据订房单上所留的联系方式打电话给订房人	(1) 和订房人联系上后方可确认所有预订信息 (2) 受理预订时没有确认且是国内的订房，均需再次电话确认
3. 与订房人确认预订信息	(1) 按照订房单上的原有订房信息，再次确认订房人姓名、抵离日期、房间类型、数量、价格 (2) 将确认过的新信息及对方的姓名记录在订单上	(1) 再次确认，保证信息准确无误。如有变化，可以及时更改 (2) 说话有礼貌，将预订信息逐个与订房人确认

3. 预订确认书的填写

工作程序	工作标准	注意事项
1. 准备回复	英文的订房信息用英文的确认书版本回复，中文的订房信息用中文的确认书版本回复，其他语种同理	在空白版本的确认书上填写
2. 填写确认书	(1) 在确认书上逐项填写订房信息 (2) 如有特殊要求和服务可在备注中说明 (3) 如房价不需加服务费则将加服务费的说明删除 (4) 如有订车服务需在相应的栏目中注明	(1) 将受理的预订信息以书面形式回复给宾客 (2) 信息填写准确无误

续表

工作程序	工作标准	注意事项
3. 打印确认书	(1) 打印确认书 (2) 检查确认书中有无错误	(1) 再次检查，确保发出的信息准确 (2) 一一处理宾客订房时的要求并且确保发出的信息正确
4. 发确认书	(1) 打开计算机中回复传真一栏 (2) 依次填入传真接收人姓名、公司名、传真号	(1) 使对方收到确认书 (2) 填写准确传真号，不能发错

4. 填写次日到店团队确认书

工作程序	工作标准	注意事项
1. 准备核对	(1) 准备好需要核对的团队资料 (2) 熟悉团队订房的信息，找出联系人电话号码 (3) 取出团队确认书，一式三联	(1) 提前熟悉团队信息，充分做好准备工作 (2) 了解需要核对的团队用房信息，找准联系人
2. 电话核对团队信息	打电话找到联系人，核对团队预订信息，包括团队名称、抵离日期、航班车次、用房数、团队人数、国籍、付费情况、特殊要求	(1) 确保空房及预订信息的准确 (2) 核对时，必须将所有订房信息再次与对方重复一遍
3. 填写团队确认书	将团队名称、抵离日期、团队代号、用餐情况、叫醒日期、付费情况等一一填写在确认书上	(1) 总台接待团队时需要了解的信息以及需与领队或陪同确认的信息均填写在确认书上 (2) 确认书上的项目应一一填写，不能漏项且信息填写应准确

特别提示

不少酒店在经营中都以接待团队为主，这对做大酒店营业规模，争取集团规模消费优势，创造酒店整体效益，具有十分重要的意义。

酒店在客房订满的情况下，因为考虑到预订存在一定的“水分”，如取消、变更等，所以有时仍告知一定数量宾客给予其等候订房。对这类订房的宾客，酒店不发确认书，只是通知宾客在其他宾客取消预订或提前离店等情况下，对其可予以优先安排。团队的预订确认至少 3 次，确认方式必须为书面确认。

三、注意事项

预订员要主动提出向宾客进行订房确认，可采用与宾客原预订方式尽量相同的或方便的方法进行确认。如宾客用电话预订一般可用电话确认，如宾客用电子邮件预订一般可用电子邮件确认。

电话确认时，预订员要在所有预订宾客抵店日期临近时进行再次确认，散客要求当天 14：00 前完成，团队提前 3 天每天进行跟踪确认，以防临时出现变更造成客房收益损失。电话确认需仔细阅读相关内容并做好通话准备后方可进行，以节省时间和费用、提高工作效率。书面传真确认函要使用酒店信纸打印，电子邮件确认要由部门经理审阅后方可回复，前台预订员负责每日预订传真的收发工作以及每日预订电子邮件的检查和回复工作。

确认函和电子邮件中的资料或电话确认的信息要准确，内容要完整。确认预订时要尽可能延伸酒店可为宾客所提供的服务项目和内容，为酒店多创效益。预订确认书中要说明酒店保证类预订发生宾客未到情况的收费规定。

相关链接

怎样做好团队接待

酒店对团队接待给予高度重视是非常必要的。其中，做好四个“预”非常重要，即预订要详，预备要细，预料要够，预后要察。这四个“预”缺一不可。

1. 预订要详

团队接待，无论是会议接待还是旅游团队，一般都要先签接待协议书、接待合同之类的书面接待文件。在这类书面文件中，除了应具有一般合同的标的、权利、义务、履行方式、违约责任等基本要素之外，还要详细注明名称（团队名称、会议名称）、人数、抵离时间、交通工具、用何类房、房价、餐价、用餐方式、菜品、结账方式（现金、支票、信用卡、挂账、转账等），且应尽可能详尽说明。特别是涉及费用的，一定马虎不得，以免事后发生纠纷。有些事项虽不必见于书面，预订员也要有所了解，以为下一步的接待服务打下良好基础。如除了解人数外，还应进一步确定其国籍、男女比例、年龄段以及是否有特殊情况等，以便针对性地提供服务。譬如，某酒店接待某一旅游团时，该团队人数虽不多，但除了领队是中年人外，其余皆为70多岁的老人，将于次日乘早班船离去。由于事先未掌握团队年龄结构情况，该酒店未配备相应接待力量。早晨起床后，因老人们行动较为迟缓，影响了查房、退房速度。到了大堂，又有人遗忘了物品，致使结账远远超过了预订的时间，进而影响了下一个团队的出团，导致了宾客的投诉。

2. 预备要细

在做接待的准备工作时一定要细心、细致。预订部门（有的是销售部）在接到团队接待预订后，就应将该团队的资料及时提供给前厅部、客房部、餐饮部等相关接待部门或经营场所，通知到相关人员，以便及时做好服务接待工作的衔接和准备，最好还应制定一个接待的预案。客房部接到总台的入住指令后要了解宾客情况，包括抵离店时间，从何处乘什么交通工具来，乘什么交通工具到何处去，人数、国籍（国内宾客应了解省市籍）、性别、年龄、身份、此行目的、宗教信仰、风俗习惯、生活特点、特殊嗜好、接待规格、特别要求、消费标准、付款方式、保卫保安要求等，都应在掌握之中。然后，针对上述情况有针对性地做好相应的接待准备，并对住房（或餐厅、会议室等）的设备设施、卫生质量、物品配置、人员安排、房号落实、钥匙分发等进行全面检查。员工个人也应在精神状态和仪容仪表上做好准备。准备工作要尽可能细，每个环节都要考虑到，而且要环环相扣，不要脱节。这里举某酒店的一个反例。

某酒店总经理收到了一封宾客的投诉信："我公司在10多天前就在贵店订了两间总统套房，拟接待某重要客户。而当宾客抵达时，却因贵店总统套房正在维修，将我们的贵宾安排在次之的房间，引起了宾客的不满，致使洽谈受到不良影响……"原来这家公司为接待贵宾，提前10来天就到这家酒店的预订部订了总统套房。而该套房正在维修，因部门间沟通不畅和预订人员疏忽，导致订实不符。此案显然是预先准备不细造成的。

3. 预料要够

客观世界是复杂的，情况又是不断变化的，往往“计划没有变化快”。酒店的团队接待中，由于宾客相对集中、人数相对较多、时间相对较紧、工作量相对增大，就容易出现一些服务接待不及时、不周到、不完善的情况，甚至出现一些意外情况。这就需要酒店各部门对一些情况事先进行估计，这就是预料。从抵店时间看，团队因气候原因误机、误船而延迟到达的现象屡见不鲜。团队迟到时，虽酒店正常下班时间已过，但前厅、客房、餐厅等相关接待部门、场所仍要派足量人员值班，备齐配足材料，在思想上、物质上都有所准备，一旦团队晚到，也能保证服务质量。当然，有些情况也很难估计。有这样一个例子：某团宾客到达，领队说少安排了一个房间，但酒店总台接到的通知确是此数，查询旅行社预订的传真也是如此。原来是由于旅行中一对夫妻因事突然产生不和，到达当地非要分居不可。而客房较紧，排不上房，领队为免宾客怪罪，故称酒店安排少了。这种始料不及的情况时有发生。为此，酒店在预料时要尽可能准备充分，把问题估计得多一些，订计划时尽量留有余地。

4. 预后要察

“预后”是一个医学术语，在这里使用的意思是对后期的发展要有所预见、考虑、安排。团队接待中的“预后”，就是讲团队宾客离店时和离店后还要做工作，而且要做好。如尽可能准确地落实团队离开酒店的时间，提前通知客房做好查房准备；行李房及时将团队行李运到大堂，等候宾客清点；总台做好退房准备、总收银台做好结账准备等；如果是 VIP 团队，还要及时通知酒店主要负责人或相关部门经理提前到大堂送行；还要检查所有委托代办的工作是否已办妥，账款是否结清，有无其他服务要求，如叫早服务、提前用餐、安排出租车、行包托运、托邮等；还应检查宾客有无遗留物品、设备是否完好等。

总之，要把现有宾客的工作做足，让宾客高兴而来，满意而去，愿意下回再来。销售部门还要征求宾客的意见，团队宾客，特别是会议的团队宾客成员性格不同、口味迥异，最易对餐饮产生意见，要注意征询，及时反馈，以便今后改进工作。团队走后，切忌“人走茶凉”“人走不思量”，要系统地建立客史档案，与宾客保持联络，加强与团队单位的感情交流，为再一次的合作，为今后酒店的销售打下良好的基础。

（选自《中山日报》第 3434 期，有改动）

案例 1-1

“我订的是标准单间”

某天，宾客通过订房组织预订了标准单间一间，但待宾客进房后，发现却是双人间，十分不满。后查，发现订房传真上很清楚地注明要标准单间，但前厅服务员输入信息时发现当天标准单间已订满，在未通知对方的情况下就随意将房间种类改为标准双人间。

[评析] 在无法满足宾客提出的要求时，应向宾客道歉，并提供其他解决办法，当发现当日标准单间已订满时，可先将房间种类改为标准双人间，但一定要通知订房部，告诉对方不能满足其要求的原因及解决方法，征求宾客同意。

学习单元 2　预订变更和取消的处理

预订而未按原定日期抵达酒店（no show bookings，预订未到）是指已经预订的某批宾客在原定日期没有来到酒店，使酒店当日客房的出租率和经营收入受到不同程度的影响。这种情况经常出现在酒店客房供应紧张的时候。

一般来讲，因不可控因素造成的“预订未到”，酒店得不到赔偿。除此以外的其他原因造成的“预订未到”，宾客都应向酒店赔偿。

但是，由于酒店市场长期处于买方市场，作为卖方的酒店在竞争中被迫放弃了应有的权利，使得“预订未到”带来的损失有增无减。不过，酒店通过自身的努力，可以使此类情况的出现概率降到最低，损失也减到最小。

1. 酒店对会议“预订未到”的预防措施

会议“预订未到”与团队不同，主要出现在会议报到期间。一些会议由于会议主办方对会议规模和会议代表报到时间不能确切掌握，因而易出现部分预订不到的情况。酒店可以采取如下预防措施。

（1）会议预订必须签订协议，明确双方的权利、义务及违约责任，同时应按会议预订在酒店消费额的 30%~50%收取定金。

（2）会议入住前几日应该再确认预订。

（3）会议报到当日 18：00 前应再与会务组确认核实当日用房数，对确认后仍出现“预订未到”的客房按当日全额房费收取赔偿费。

（4）总结不同类型会议的规模和用房情况的特点，在接受会议预订时尽可能减少“水分”。

2. 酒店对团队“预订未到”的预防措施

团队“预订未到”与旅行社有直接关系，可以采取如下预防措施。

（1）要求旅行社在团队抵达前 15 天向酒店发出接待计划，如计划逾期未到，则视为该团预订自动取消。

（2）团队抵达前 5~7 天应与旅行社再次确认、核对预订。

（3）团队抵达当日，服务人员应随时掌握团队的登记入住情况，并及时与旅行社联系，询问未到团队及人数的动向。

（4）在旺季，对国内旅行团队的预订，要求旅行社缴纳足额定金，以防虚占客房。

（5）对“预订未到”情况登记和分析，建立旅行社预订信誉等级，使今后接受预订时掌握主动。

3. 酒店对散客“预订未到”的预防措施

对散客“预订未到”的可以采取如下预防措施。

（1）接受预订时，必须了解相关信息，如预订人的姓名、联系方式，入住宾客的姓名、联系方式、预计抵达时间等。

（2）声明并坚持没有确切入住时间的预订只保留至当日 18：00，逾期不到视为自动取消。

（3）视情况收取一定比例的定金，如在抵达当日才通知预订取消的，定金应视作赔偿金来处理。

（4）建立预订信誉等级，使预订信誉等级与定金款额挂钩。

操作技能

预订变更和取消的处理

一、工作准备

1. 检查预订报表和各种统计表，掌握已经订出的客房情况、订房数量。

2. 查找计算机中的资料，明确当日住店和即将离店宾客状况，掌握哪些客房从哪天开始可以预订，防止订房与住店宾客用房发生冲突。

3. 准备好预订单和预订表格、用品，调整计算机处于待工作状态，如图 1-2 所示。

图 1-2　前厅服务员做好工作准备

二、工作程序

1. 预订变更处理

预订宾客在实际抵店前，因种种原因可能对其原有预订进行更改。预订员处理预订变更的工作程序如下。

工作程序	工作标准	注意事项
1. 查看原始预订	从档案架上取出宾客的订房资料，迅速查找出该宾客的预订单，与其预订更改的材料进行核对	(1) 如果宾客是以电话形式提出更改要求，先请宾客稍候，同时迅速找到相关资料，并向宾客致歉“对不起，先生/女士/小姐，让您久等了”，然后记下来电的内容和来电者姓名、电话号码

续表

工作程序	工作标准	注意事项
1. 查看原始预订	从档案架上取出宾客的订房资料，迅速查找出该宾客的预订单，与其预订更改的材料进行核对	(2) 如果是销售部的更改单，应仔细阅读更改单内容，关键地方不清楚时应与销售部核对或请销售部再发一份更改单
2. 受理更改	记录来电者的姓名、电话号码、单位地址等，便于双方进行联系	记录信息应准确无误
3. 更改预订资料	修改相应的预订资料，如更改计算机信息预订总表、预订卡条等	(1) 预订更改单要重新填写，不得在原始单据上修改 (2) 若预订的变更内容涉及原有的房价、定金等特殊项目，如派车接送、放置鲜花水果等，则需尽快给相关部门发出变更通知 (3) 如果资料已输入计算机，应根据更改单内容在计算机上修改原始信息，修改完后在更改单上签名
4. 留存资料	(1) 要将宾客关于预订更改的通知单与所填写的相应表格连同原始订房预订单统一存放 (2) 预订变更处理完成后放入相应的订房资料柜	将统一存放的预订资料放在指定的地方

变更预订见范例 1-6。

特别提示

1. 在处理预订更改时，预订员应耐心、高效地为宾客服务。更改预订往往有宾客方面或酒店方面的客观原因，预订员既要灵活地面对现实，又应表现出极大的热情并提供有效的帮助。

2. 受理当日预计到店 VIP 信息更改时，应分别拨打客房中心和房内用膳电话，通知 VIP 信息更改。如果是重点宾客呈报单上的 VIP 信息更改，要通知总办、大堂和前厅部等部门。必须记录下所通知人的姓名，使相关各部门获悉 VIP 更改信息。通知信息应落实到人，预订员通知信息变更要准确无误，且口齿清楚。

范例 1-6

变更预订

宾客：我是王××，我昨天预订了两间标准间，预计 6 月 18 日进店，6 月 20 日离店。但是我现在要更改日期。

预订员：好的。王先生，请您稍等，我查一下您的预订。

宾客：好的。

预订员：是的，王先生，您昨天预订了两间标准间，是预计 6 月 18 日进店，6 月 20 日离店的。您想如何修改呢？

宾客：我想把日期改为 6 月 20 日进店，6 月 22 日离店。

预订员：请您稍等，王先生，我查一下有没有空房。

宾客：好的。

预订员：王先生，对不起，让您久等了！我们可以接受您的日期更改，您的日期改为 6 月 20 日进店，6 月 22 日离店。是吗？

宾客：是的。

预订员：好的，王先生。您还有其他的问题吗？

宾客：哦，对了，我还订了三张 6 月 20 日飞往北京的飞机票，现在改为 6 月 22 日的。

预订员：好的，王先生，您需要订三张 6 月 22 日飞往北京的飞机票，是吗？

宾客：是的。

预订员：好的，王先生。您还有其他的问题吗？

宾客：没有了，谢谢。

预订员：不客气，能为您服务我感到非常荣幸。

宾客：再见。

预订员：再见。

2. 预订取消处理

由于各种缘故，宾客可能在预订抵店之前取消订房。预订员在处理预订取消时，不能表露出不愉快，而应使宾客明白，他今后随时都可光临本酒店，并受到欢迎。正确处理预订取消对于酒店巩固自己的客源市场具有重要意义。预订员处理预订取消的工作程序如下。

工作程序	工作标准	注意事项
1. 查询原始预订	(1) 从档案架上取出宾客的订房资料，与其预订取消的材料进行核对 (2) 如果宾客是以电话形式提出取消的要求时，先请宾客稍候，同时迅速找到相关资料，并向宾客致歉“对不起，先生/女士/小姐，让您久等了”，然后记下来电的内容和来电者姓名、电话号码 (3) 如果是销售部的取消单，应仔细阅读取消单内容，关键地方不清楚时应与销售部核对或请销售部再发一份取消单	(1) 确保能找到原始预订 (2) 准确无误地找出原始预订
2. 受理取消预订	(1) 已经同酒店做好预订，但需要取消时，酒店的经办人应取出一张新的订房表，在取消一栏的小方格上打钩，以表示取消有关的预订 (2) 填写来电者的公司名称、电话号码及地址，作为记录。应向宾客道谢，以示希望日后有机会能为其服务 (3) 取消订房表应交与订房部主管，便于在订房记录上取消预订	(1) 有据可查 (2) 准确做好记录
3. 更改计算机记录	(1) 根据宾客或销售部要求填写预订取消单，要重新填写，不得在原始单据上修改 (2) 要将宾客关于预订取消的通知单与所填写的相应表格连同原始订房预订单统一存放。如果已输入计算机，应根据取消单内容在计算机上修改原始信息，修改完后在取消单上签名	(1) 确保计算机中存储的信息准确，各服务岗位能及时获得最新的信息 (2) 预订取消单中的内容要清楚、明了 (3) 若涉及相关部门必须及时通知
4. 留存资料	(1) 将统一存放的预订资料放到指定地方 (2) 在计算机上取消之后，在原始订房预订单上签“取消”，放入取消资料柜中	(1) 资料备查 (2) 日期存放准确

特别提示

1. 简化取消预订的手续，使用预订取消编码是证明预订已被取消的最好方法。例如，92411WM502。前面3位数“924”表示宾客原定抵店日期为9月24日；接着的2位数“11”表示该酒店的编号；字母“WM”则为预订员姓名的两个首字母；最后3位数“502”表示酒店预订取消序号。通常，预订取消编码应记录在预订资料上并加以存档。

2. 团队的预订资料必须及时、准确地予以记录和储存，以防疏漏。应将有关宾客的预订资料装订在一起，最新的资料在最上面，依次排列，便于查阅。如果团队预订有变更，要填写团队客情变更通知单。首先填写所需变更团队的自然信息，将所需变更的团队名、团队代号、抵离时间及通知人等自然信息填写在变更通知单上。再填写变更通知单，将变更内容详细填写在变更通知单上，以书面形式将团队变更的信息通知相关部门。变更信息要详细填写，不能缺漏。

3. 婉拒预订。如果酒店无法接受宾客的预订，预订员应对预订加以婉拒，见范例1–7。婉拒预订时不能因为未能符合宾客的最初要求而终止服务，而应该主动提出一系列可供宾客选择的建议。用建议代替简单的拒绝是很重要的，它不但可以促进酒店客房的销售，而且可以在顾客心中树立酒店的良好形象。预订员婉拒预订工作程序如下。

工作程序	工作标准	注意事项
1. 建议宾客更改订房内容	无法接受宾客预订，若因日期不合，不能为宾客完成订房，也应提供其他酒店的电话号码，协助宾客预订其他酒店，并礼貌地多谢宾客来电（或前来），希望日后有机会再为其服务	态度诚恳，要有为宾客服务的积极心态
2. 填写预订致歉书	填写预订致歉书，见范例1–8。如遇满额，应表示抱歉并提议预订其他有空房的日期，也许宾客可以通过更改行程来配合	与宾客尽量沟通，达成一致

续表

工作程序	工作标准	注意事项
3. 等待名单	如宾客行程不能改变，应提议为宾客登录进等待名单，向宾客解释酒店无法接受预订，但可将其资料记录下来，待他人预订取消时，便可将这个预订接上。若宾客同意进入等待名单的提议，应同正常预订程序把资料填入订房表上，但须在等待名单的小方格上打钩，由订房部主任处理，待订房情况有变，可以接受订房时，便由订房部主任以电话通知宾客	如有符合等待宾客的客房时应尽快通知宾客

范例 1-7

婉拒预订

宾客：我想订 8 日的标准间，住两晚。

预订员：好的。先生，请您稍等。

宾客：好的。

预订员：先生，非常抱歉，由于 8 日要接待一个大型会议，标准间全部客满。

宾客：那怎么办呢？我们很想住到你们酒店。

预订员：谢谢您对我们酒店的信任，您看这样好吗？您先订一天酒店的套房，每套实际上只比标准间多 280 元，套房拥有更加先进的设施设备，入住后相信一定能令您满意，要不先订一天试试？如果您愿意，第二天再给您换到标准间，您看这样好吗？

宾客：我还是想住标准间。

预订员：如果这样的话，那您是否可以推迟一天到店，这样您预订标准间就没有问题了。

宾客：不行的，我的时间不允许。

预订员：好的，先生。要不这样，请您留下您的姓名和联系方式，一旦 8 日标准间有空，我马上与您联系，您看好吗？

宾客：好的。我姓王，我的联系电话是7564333。

预订员：7564333。谢谢您，王先生。我们将随时与您保持联系，争取满足您的订房要求。

宾客：好吧，谢谢。

预订员：不客气，能为您服务我感到非常荣幸。

宾客：再见。

预订员：再见。

范例1-8

婉拒预订致歉书

Reservations regret card

本酒店在下列日期内不能接受您的订房要求，深表歉意。 Our hotel regrets that due to capacity bookings at this time, we are unable to accept reservations for ____________ on ______________________________. 感谢您对本酒店的关照，希望以后能有机会为您服务。 We thank you for your interest, and do hope to have the opportunity of being of service at some future date. 酒店预订部 Hotel Reservations Dept.

三、注意事项

1. 加强对房间预订的控制，以确保当天有空房给预订的房间。

2. 控制客房预订变化情况，宾客取消订房时要将该预订单注明已取消。如果是通过传真或信函预订的，需发传真或信函并且签名确认。

3. 若订房变动，则要根据变动情况进行调整。

4. 从每年的年中开始，一些长期合作的旅行社会把来年的年度订房计划交给销售部，经销售部签字同意后发给订房中心一份，接到计划后，统一存放在单独档案内，提前2个月做计划，并抄到团队登记簿上，做订单。

5. 旅行社即便做了计划，也可能会临时新增团队或根据整团的人数、到达时间、宾客特殊要求等更改或取消团队的订房。若发生此类情况，一律由销售部以书面形式通知订房中心做相应的工作。

案例 1-2

没有接到宾客

一日，酒店机场代表按照宾客的预订单坐酒店班车专程到机场接宾客，可是当航班上的所有乘客都走完了，也没有见到要接的宾客。酒店机场代表打电话询问酒店预订处，经查才发现这个宾客已经在此前取消了预订，但当班的服务员没有通知相关人员。

[评析] 造成酒店机场代表到机场未接到宾客的原因是预订部未将宾客取消预订的信息及时传递到机场代表那里，导致没接到宾客，影响了工作效率。

如果宾客预订的变更内容涉及原有的房价、订车、定金等一些特殊安排和特殊项目，如派车接送、放置鲜花水果等，则应尽快给相关部门发出变更或取消的通知。接受预订和取消预订都有严格的操作程序，如果不严格执行规定，就会出现上述差错，给酒店造成直接经济损失以及不必要的人力和物力浪费。

接受预订和取消预订都需要高度的工作责任心，任何时候都不得马虎。此事虽未涉及宾客，也未给宾客带来任何不良影响，但反映出员工工作的粗心大意与内部的协调配合工作不到位，存在沟通障碍。如果对此问题不加以重视，不采取措施加以解决，很可能在其他方面也会出现问题，就有可能影响对客服务，造成宾客投诉。

学习单元 3　超额预订的处理

一、超额预订的原因

超额预订是指酒店在一定时期内有意识地接受超过其客房接待能力的客房预

订数的一种预订现象，其目的是充分利用酒店客房，提高开房率。超额预订应该有“度”的限制，以免出现因“过度超额”而不能使宾客入住，或因“超额不足”而使部分客房闲置。通常，酒店接受超额预订的比例应控制在10%～20%。具体而言，酒店应根据各自的实际情况，合理掌握超额预订的“度”。

因为客房的不可储藏性，今天的空房并不能由明天的客满来弥补损失。尽管采用了订房确认、预收定金等控制办法，但宾客仍有可能由于各种主观或客观原因不能抵店、推迟抵店或减少入住的房数和天数等，给酒店造成损失。所以酒店会采取一定的措施防止损失，超额预订便是防止损失的措施之一。

当宾客已付定金，但到达酒店时，酒店却不能供应住宿，这往往是超额订房造成的。通常这种情形会令宾客非常恼怒。所以，酒店处理好超额预订对于维护酒店的客源具有非常重要的作用。

过度超额预订产生的原因主要有以下几点。

1. 人为错误

（1）登记错误。登记错误即服务员记录、储存的预订资料出现差错。具体有日期错误、姓名拼写错误、存档顺序错误、变更及取消处理不当等。例如，某宾客应该明天离店，接待处却写成了今天，在订房紧张时，离店时间登记错误也可导致超额预订。

（2）预测错误。预测错误即预订处对未来的宾客入住率预测错误。酒店未能正确掌握可出租客房的数量，与前台分房组、销售部的沟通不良，与预订中心系统及订房代理处的沟通不良，客房状态的显示不正确等都可能造成超额预订。

（3）实施超额预订不当而造成的差错，如过高估计了预订未到宾客的房间数，过高估计了临时取消预订的房间数，过高估计了提前离店宾客的房间数，过低估计了延期离店宾客的用房数等都会造成宾客预订却无法入住的情形。

（4）预订员对房价的变更及有关销售政策缺乏了解。

2. 待修房的影响

在旅游旺季时，当酒店每一个客房都订满了的时候，若某些客房的设备出现问题，被迫空置，不能租出，就会减少房间供应量。

3. 其他原因

某些不可控的情况也是酒店出现过度超额订房的原因。

（1）某团队应该在今天全部离店，但因天气恶劣，航空公司取消飞机班次，团队被迫留在酒店内。

（2）宾客遇到意外，身体受伤，不能如期离店，也会影响酒店的入住情况。

二、超额订房的计算公式

1. 超额预订数量的确定

做好超额预订的关键在于掌握超额订房的数量。按国际酒店的管理经验，超额订房的百分数可以是5%~15%。实施超额订房时应注意分析掌握以下三组比例关系。

（1）团体订房和散客订房的比例。

（2）不同种类预订之间的比例。

（3）据订房资料及以往工作实践，统计下列宾客数量在预订客房者中所占的比例：订房不到者、临时取消者、提前离店者、延期住宿者、提前抵店者。

此外，在进行超额预订时，还应适当考虑其他方面的因素，如本地区同等级同类型酒店的数量、未来的天气情况、酒店预期的信誉程度等。对以上各种因素进行综合分析，并结合过去的实际情况和对将来一段时间宾客情况的估计，作出正确判断，这样才可能将超额预订工作做得恰如其分。

2. 超额预订的计算方法

下面是超额订房的计算公式及其运用，这为合理掌握超额预订的数量和幅度提供了依据。其公式如下。

假设，X=超额预订房数；A=酒店客房间数；C=续住房数；r_1=预订取消率；r_2=预订而未到率；D=预期离店房数；f_1=提前退房率；f_2=延期住店率，则

$$X=(A-C+X)\cdot r_1+(A-C+X)\cdot r_2+C\cdot f_1-D\cdot F_2$$

$$X=\frac{C\cdot f_1-D\cdot f_2+(A-C)(r_1+r_2)}{1-(r_1+r_2)}$$

设超额预订率为R，则

$$R=\frac{X}{A-C}\times 100\%$$

$$=\frac{C\cdot f_1-D\cdot f_2+(A-C)(r_1+r_2)}{(A-C)[1-(r_1+r_2)]}\times 100\%$$

案例 1-3

某酒店有标准客房600间，10月2日续住房数为200间，预期离店房数为100间，该酒店预订取消率通常为8%，预订而未到率为5%，提前退房率为4%，延期住店率为6%。试问，就10月2日而言，该酒店：

（1）应该接受多少超额订房？

（2）超额预订率多少为最佳？

（3）总共应该接受多少订房？

解：（1）该酒店应该接受的超额订房数为

$$X=\frac{C\cdot f_1-D\cdot f_2+(A-C)(r_1+r_2)}{1-(r_1+r_2)}$$

$$=\frac{200\times 4\%-100\times 6\%+(600-200)(8\%+5\%)}{1-(8\%+5\%)}=62\text{（间）}$$

（2）超额预订率为

$$R=\frac{X}{A-C}\times 100\%$$

$$=\frac{62}{600-200}\times 100\%=15.5\%$$

（3）该酒店共应该接受的客房预订数为

$$A-C+X=600-200+62=462\text{（间）}$$

答：就10月2日而言，该酒店应该接受62间超额订房；超额预订率最佳为15.5%；总共应该接受的订房数为462间。

总之，酒店可根据实际情况合理地确定超额订房的数量，这样既能最大限度地销售客房，提高经济效益，又能满足宾客的订房需求而不产生订房纠纷。若要达到预期效果，酒店必须注重资料的收集和数据的统计工作，并在日常工作中不断地总结和积累经验。

三、酒店对超额预订的处理方式

1. 一般预订

如果因超额预订而不能使宾客入住，按照国际惯例，酒店方面应该采取以下措施。

(1) 诚恳地向宾客道歉，请求宾客谅解。

(2) 如果没有宾客所需的房型，酒店要推荐同类型的其他房间或其他类型的房间。如存在房价差，一般由宾客自己承担，酒店可给宾客打一个低一些的折扣，若宾客依然不满意，则该差价可由酒店承担。如属连住宾客，则次日为宾客安排其所需房间，并协助宾客换房，记入客史档案。

(3) 如果酒店没有客房，要立即与另一家相同等级的酒店联系，请求援助。同时，派车将宾客免费送往这家酒店。

(4) 如果酒店有了空房，在宾客愿意的情况下，可把宾客接回来，并对其表示欢迎，可由大堂副理出面迎接或在客房内摆放花束等。

(5) 对提供了援助的酒店表示感谢。

2. 保证类预订

如果宾客进行了保证类预订，则除采取以上措施外，还应视具体情况为宾客提供以下帮助。

(1) 支付其在其他酒店住宿期间的第一夜房费或令宾客搬回酒店后享受一天免费房的待遇。

(2) 免费为宾客提供一次长途电话服务或传真服务，以便宾客能够将临时改变地址的情况通知相关人员。

(3) 次日排房时，首先考虑此类宾客的用房安排。大堂副理应在大堂迎候宾客，并陪同宾客办理入住手续。

(4) 注意处理好宾客的电话转接及留言，并将此情况记入客史档案。

操作技能

超额预订的处理

一、工作准备

1. 检查预订报表和各种统计表，掌握已经订出的客房情况、订房数量。

2. 查阅交接班记录，了解工作完成和未完成预订处理情况。

3. 准备好预订单和预订表格、用品，调整计算机处于待工作状态。

二、工作程序

受理超额预订的工作程序、工作标准如下。

工作程序	工作标准	注意事项
1. 倾听宾客要求	铃响三声之内接起电话，倾听宾客要求	了解宾客需要，倾听仔细，与宾客交流使用敬语
2. 根据房间状况向宾客推荐房间	（1）主动向宾客推荐不紧缺的房间 （2）如果宾客所需房型紧缺，可向宾客说明情况，并向宾客建议改订其他类型房间 （3）如宾客不愿意更改房型，可根据当时的房间状况，允许一定数量的超额预订或将宾客安排在等候名单上 （4）为宾客设定最晚保留时间，并告知如在规定时间内不到则将自动取消预订	（1）根据房间状况主动推荐，避免宾客集中选择紧缺的房型 （2）有效地利用房间 （3）不能因某种房型紧缺而不接受宾客的预订 （4）最晚保留时间不能超过22：00
3. 受理订房	（1）按照订单上的项目一一询问宾客并详细记录 （2）将信息输入计算机	（1）方便查询 （2）信息输入准确
4. 再次核查预订	（1）将设定最晚保留时间和等候的预订放在一边 （2）不断关注房间状况，一旦有房间空出立即与宾客联系，如到了最晚保留时间宾客仍未到则立即取消	（1）能够最大限度地利用房间并确保所受理的预订更具真实性 （2）到时不来即取消。一旦有房间空出，首先与等候名单上的宾客联系

三、注意事项

房间订满甚至超额预订对酒店营业来说是大有益处的，但同时对预订员的工作也带来了困难。一般情况下，应尽量避免拒绝宾客的订房，尽可能通过其他途径帮宾客订房。例如，若双人房已满，则可向宾客介绍其他种类的房间（如套房等）或暂做候补。待有房间时，再向对方确认。在万不得已的情况下才考虑拒绝宾客的预订。拒绝宾客的预订需要预订员更清楚地了解顾客的心理，掌握预订情况，用友好、遗憾和理解的态度对待宾客。

相关链接

合理做好超额预订

每年一到节日长假的时候，很多城市的酒店客房入住率就会猛升。为了能在收益最大化的同时又为未来锁定宾客，酒店更应细致地做好营销工作，而不是顺其自然。下面介绍在假日经济饱和需求下的一些营销管理方法。

一、预测客源情况

首先，要做好客源的预测工作。酒店通过预测才能考虑接下来的营销步骤，预测需要从多方面着手。

1. 往年同期客源情况的分析。营销人员应该细分和研究去年同期节假日的每天客房出租情况，如：每日出租房间数、散客房间数以及来自协议的散客比例和来自订房中心的散客比例等，并将以往的数据与今年节假日预订情况进行比较。由于旅行社团队往往会提前预订，而且通常距节假日越近时，团队的房间数才会越确定，所以营销人员每隔一段时间就应与旅行社核对团队的收客情况，防止旅行社为了控房而进行虚假或“水分”较大的预订。

2. 关注节假日期间的天气预报。由于假日客源主要是旅游宾客，这些宾客的消费属休闲性自费旅游，随意性较大。所以，若天气晴好，可以留出部分房间以出售给临时性的上门散客；若天气情况不佳，则要多吸收一些团队以确保客房入住率。

3. 了解本市同类酒店的预订情况。通过了解竞争对手和不同地段酒店的预订情况，可以估计出自己酒店客房出租的前景。

4. 关注各媒体报道。通常在节假日前几天，各大媒体（包括网络媒体）都会争相从相关行业、酒店处了解到最新的情况，进行滚动式报道。

5. 通过其他渠道了解信息。营销人员可以从酒店主要客源来源地的酒店销售界同行、旅行社、客户那里了解信息。总之，酒店应该尽量通过准确的预测来做好节日长假到来的各项准备工作。

二、做好价格调整的准备

应根据预测情况，针对各种客源，制定不同的价格策略。新的价格策略要尽量提前制定，以便留出足够的时间与客户沟通。其间，营销人员有大量的工作需要落实，不仅要通过电话、电子邮件通知客户，更要从关心客户的角度出发，提醒客户尽量提前预订，以免临时预订而没有房间。在价格调整中，不同客源的调整幅度可以不一样，对一贯忠诚于酒店的协议公司提价要谨慎，要与他们沟通，尽量在协议宾客能够承受的幅度内进行提价。价格的调整可以参考从网上了解的信息，特别是要调查同类酒店的调价情况，结合客户可以承受的能力和酒店自身情况综合考虑。酒店要从长远的眼光来看待与客户之间的关系，不能只做一锤子买卖，因为建立良好的信誉是发展未来客源的基础，绝不可以因节假日游人增多而肆意涨价。

三、合理计划客源比例

应根据调查与预测情况，合理做好客源的分配比例，如果预测天气状况不佳，可以增加团队的预订量，如果预测天气较好，可以减少团队的预订量。但是不能“一刀切”地不接团队，除非酒店从不与旅行社打交道。酒店可以通过价格的上涨来合理控制或筛选不同细分市场。对于长期合作的团队，应尽量为之提供一定比例的房间。

四、合理做好超额预订

酒店常常遇到宾客预订了房间而未到的情况。由于国内信用制度还不完善，宾客不会因没有履行预订而承担经济责任。这样就导致了一些不受酒店欢迎的行为出现，例如，宾客可能为了价格原因或出游人数不确定等因素而做多次、多处预订。这种行为在随意性较大的散客中较为普遍。通过多处、多次预订，他们可以拿到较好的价格，可以确保抵达酒店时马上得到房间。然而，这也会造成酒店空房，除非宾客能提前通知酒店取消预订。为了避免这种情况造成的损失，酒店可以采用超额预订的策略。通过超额预订，酒店可以防范宾客未履行预订的风险。然而，如果酒店接受太多的超额预订，就得负担宾客抵达酒店时没有房间可以入住的风险。

为了降低超额预订的风险，酒店可以对以往节假日未到和取消的数据进行统计比较，得出一个合理的百分比，从而既最大限度地降低由于空房而产生的损失，又最大限度地降低由于未能做好足够预订而带来的损失。因此，不仅仅是营销人员要做好预测和超额预订的策略制定，而且需要与总台一线员工进行沟通并进行培训，如果真的出现宾客预订而没有房间的情况，要设法事先在同类酒店安排相同档次的房间，并用酒店的车免费将宾客送往该处。

五、提前做好服务准备工作

一到节日长假的旅游旺季，酒店的设施设备可能超负荷运转，也可能出现人力不足的情况，因此，酒店必须提前进行设施设备的检修，根据预测情况合理安排人手。在平时可以交叉训练员工，培养多面手，也可以从旅游职业学校预约一些学生兼职，准备好充足的人手。

由于在节假日，旅游宾客抵达时间一般会在白天，而前一天的宾客退房时间是在中午 12：00，所以必须准备好充足的服务人手，快速打扫房间。通过预测，其他相关部门（如车票预订、餐饮、娱乐等部门）也要提前做好准备。

六、进一步锁定客源

游客是流动的，有一些是第一次来酒店入住，营销人员要想方设法将这些宾客锁定。一方面可以通过酒店充分的准备，提供优质服务，给宾客留下一个好的印象；另一方面可以通过大堂副理拜访宾客、在客房内放置节日问候信、赠送小礼物、放置贵宾卡信息表等提高宾客今后回头的可能性。例如，某大酒店在“五一”和“国庆”两个长假期间，在行政楼客房放置了致宾客节日问候信和贵宾卡申请表（贵宾卡在两个法定长假期间不能使用)，共计发放贵宾卡 600 多张。据不完全统计，在此后几年间，这批会员卡中有 300 多张在酒店有消费记录，也就是说，通过这个方法，酒店锁定了 300 多位回头客。

七、与各相关方做好联合工作

1. 与同行酒店及时互通信息，相互核对酒店房态，做到互送客源。

2. 与各大网络订房中心随时联络，及时通告酒店的房态。

3. 与每天预订的宾客进行核对，确认宾客是否到来、抵达人数、抵达时间等。

4. 与媒体电台定时联络。如一些交通旅游台可以定期免费将各酒店房间空闲状况广播给听众。

以上几种营销管理方法的实施，不仅能为酒店带来可观的收益，更能极大提高顾客的满意度和忠诚度。

（选自《中国旅游报》，有改动）

特别提示

美国运通公司曾做过一项调查，该公司信用卡持有者中1/4以上的人曾持有酒店的预订单却未被接待，其中至少有半数以上的人表示，以后再也不会到那些酒店去了。这种因酒店失信于客而造成的服务质量下降，在许多经理看来同样不能容忍。为此喜来登公司制定的“十戒”中就包括一条：“不能拒绝接待持有预订确认书的宾客。”

案例1-4

瑞典女士的订房

每年进入5月的时候，酒店就进入了旺季。每天的入住率就会慢慢提高，房间紧张的情况也会时有发生。有些宾客就会提前将预订的房间锁定，即使多承担一晚上的房费也要确保顺利入住；酒店也会保证被锁定的房间空着直到宾客抵达。

一天晚上9：00左右，正好是宾客的抵店小高峰，前台的工作十分忙碌。这时一位瑞典的女士抵达了酒店并来到前台办理登记，一切都进展得很顺利。可是当员工与宾客确认离店时间的时候，计算机中的信息显示该宾客只预订了一天，可是宾客十分肯定自己是要入住两天。由于当晚的此种房十分紧张，而且此房间第二天就被另一位宾客锁定，所以那位员工就简单地告诉宾客：“您只能住一天，我们已经跟贵公司的订房人员确认好了。”由于当时前台的人很多，再加上宾客可能十分疲劳，所以就比较激动地说：“我们是要解决入住的问题，我现在根本没兴趣也没有必要去追究是我秘书的错还是你们预订中心的错误！”这时，当班领班过来听取了宾客的意见，了解了情况并查看了当时的房间状况后，以抱歉的口吻说：“您的意见是对的，现在不是追究是谁的责任的时候。酒店近日的房间也比较紧张，我们为您免费升级到更为舒适宽敞的商务房，不过房间是有两张大床的，您看如何？”那位瑞典女士觉得领班的态度非常诚恳，也符合实际，于是欣然同意。

[评析] 酒店是宾客在外的第二个家，让宾客满意是酒店人应尽的义务和责任。当班领班除了要做好手头的工作外，对前台的督导也是十分重要的。当班领班要及时发现问题，并在第一时间解决问题。

当员工发现宾客已经在心理上产生了不快和恼怒的时候，应该及时调整沟通的方式。当班领班要首先稳定宾客的情绪，倾听宾客的意见，不要打断宾客，要以高姿态的致歉语气婉转地解释，用协商的方式给宾客提供多种解决方案。要从宾客的角度考虑问题。给宾客的处理不仅是身心方面的安慰，更重要的是尽可能地从物质上对宾客有所补偿。当宾客觉得两方面都比较满意的时候，酒店的处理就成功了。

培训课程 2 抵店前准备

抵店前的准备工作做得是否充分将直接关系到酒店前厅服务的质量水准。按计划实施预订宾客抵店前的准备工作是前厅服务过程中非常重要的一环，必须达到及时、有序、细致、无误的标准，以有助于相关部门根据计划安排，对不同类型客源、不同身份和特点的宾客提供有针对性的服务，并提前做好充分准备。

本节内容重点是各种预计抵店宾客报表的制作和宾客预订单的核对工作。

学习单元 1　预计抵店宾客报表的制作

一、抵店前准备

1. 宾客抵店前准备工作的三个阶段

按照时间划分，宾客抵店前，酒店要做的准备工作通常包括三个阶段。

（1）提前一周或数周，将酒店主要客情，如重点宾客、大型团队、会议接待等信息通知各部门。可采取分发各类预报表的方法进行通知，也可召开由运营总经理主持的协调会进行通知。预计抵店宾客报表可以“十天客情预测表”“重点宾客呈报表”“重点宾客接待规格呈报表”等形式呈现。

（2）宾客抵店前夕，将客情及具体的接待安排以书面形式通知相关部门，做好准备工作。酒店在这方面常使用的表格有“次日抵店宾客一览表”“鲜花水果篮通知单”“特殊要求通知单”等。

（3）宾客抵店的当天，前厅接待员应根据宾客预订的具体要求提前安排房间，并将有关接待细节（变更或补充）通知相关部门，共同完成宾客抵店前的各项准备工作。

2. 散客抵店前的准备工作

散客抵店之前，酒店要做好充分的准备工作。

（1）准备次日抵店的预订单及相关单据，预订单中需注意的事项用特殊记号标注。

（2）确认房号后，应在预订单上标明并将信息输入计算机中，及时传给前台。

（3）婚宴房提前排好房后，报给客房中心及前台，并将婚宴安排表一并交予前台。

（4）对于有特殊要求的散客需再次确认特殊要求的落实情况。若有更改的预订信息则及时通知前台及相关岗点。

3. 大型会议团队抵店前的准备工作

大型会议团队抵店之前，酒店要做好充分的准备工作，如图 1-3 所示。

图1-3　做好团队抵店前的准备工作

（1）提前 2~3 天与客房中心落实房态并保留房间，并告知前台注意。

（2）根据会议名单排房，按楼层填写“在店会议团员信息表”，如有贵宾则需填写“在店会议贵宾信息表”。将会议名单输入计算机，并将会议名单发给各岗点。

（3）落实特殊服务：如需鲜花/水果及撤迷你吧，应提前 1~2 天将房号报客房中心及西餐送餐部；如需派车，应提前填写派车单并打印接机牌交于礼宾部。

（4）会议抵店前日，需再次核查房态、迷你吧及特殊服务。

二、预计抵店宾客报表的类型

预计抵店宾客报表的类型可以根据酒店的等级和规模以及管理模式的不同而制定，目的是做好客房的预订工作。预计抵店宾客报表通常有以下四种。

1. 日预期抵达宾客名单（见范例 1–9）

范例 1-9

日预期抵达宾客名单

____年____月____日

预订号	序号	宾客姓名	房间号	预期离店日期	预期离店时间	预期离店预测时间	备注
1							
2							
3							

审核：　　　　　　　　　　　　制表：

2. 十天客情预测表（见范例 1–10）

范例 1-10

十天客情预测表

日期	星期	预抵散客	团队	离店	团队离店	住宿	团队住宿	故障房	已满房间数	预计出租房数	预计出租单位	预计出租率	预计空房间数	已用房间数	可用房间数

3. 次日抵店宾客一览表（见范例 1-11）

范例 1-11

次日抵店宾客一览表

____年____月____日

预订号	序号	宾客姓名	房间数	房间类别	抵达时间 航班	预期离店 日期	备注
1							
2							

4. 酒店当日未到和取消预订报告单（见范例 1-12）

范例 1-12

酒店当日未到和取消预订报告单

日期：

类别	未到	取消	总计	累计未到	累计取消	总计
散客						
标准房间						
豪华房间						
标准套间						
豪华套间						
总统套间						
团队						
标准房间						
豪华房间						
机组人员						
其他						
合计						

制表人：　　　　　　　　　　　　审核人：

三、预订员的推销技巧

预订客房并不仅是宾客为了使住宿得到保证而进行的单方面活动，也不仅是酒店被动地受理宾客预订要求的简单服务，它已成为酒店推销工作的重要内容。

1. 全面了解并掌握酒店服务产品

了解并掌握酒店服务产品是指了解酒店设计特点、装饰、布置、陈列，酒店的各种服务设施、服务项目、娱乐项目，特别是餐厅、客房的种类及其特点和酒店的价格政策等。前厅部的首要任务是推销客房，兼顾其他设施的推销，这就要求所有的前台服务人员都要相当熟悉酒店的服务产品，并善于观察和分析宾客的消费心理，区别不同对象，恰到好处地为宾客安排房间。这样，既照顾了酒店的利益，又照顾了宾客的利益，令双方都满意。

了解酒店情况还要了解本酒店与其他酒店相比所具有的特点及长处，如“本酒店是本地最豪华的酒店，四面景色如画，三面环水，绿树成荫，是花园式酒店，拥有园林式餐厅群落、大小会议室和可供成人及儿童使用的游泳池，还有健康中心、歌舞厅等设备齐全的配套服务设施，客房及别墅舒适高雅、设备齐全”等。

2. 收集完善的客户资料

预订员在拥有系统的客房销售历史统计数据的基础上，还要收集各种历史资料和订房客户的“排行榜”，例如，入住人次、间/晚、平均消费额、最高消费额、累计消费额、预订未到、提前离店、延期离店等专业统计数据等，从而为销售部和预订部进行有针对性的推销提供依据。

另外，预订员还应拥有完备的客史资料档案，熟悉并掌握老客户的喜好、忌讳，以进行有针对性的直接推销。宾客到店时，应向宾客表示欢迎，并向宾客介绍本酒店的情况，若正在听电话或为宾客办理事情，对新到的宾客也要表示欢迎，让宾客知道预订员已注意到他的到来，不使他感到被冷落。宾客有什么疑难情况，要及时帮他排忧解难。若宾客因某种原因改变住店计划，也要热情地为他介绍别的酒店，有的宾客需要酒店资料或者了解酒店情况，要热情接待，尽量满足他们的要求，要认识到他们是酒店未来的宾客，给他们留下良好的印象。

3. 全面了解酒店的销售政策

销售政策中应明确折扣、优惠、差价、佣金、信用升级、奖励方式等内容及运作规定。这样可以刺激客户优先选择本酒店入住，促使订房交易成功。另外，预订员还要根据酒店整体营销战略实施步骤掌握不同客源渠道的协议内容和主要市场分布，在及时、合理地使用这些政策的过程中强调推销的有效性和操作的规范性，从而使酒店始终与客户保持良好的关系，稳固已有的市场并不断开发新的市场。

4. 灵活运用推销技巧

预订员要灵活运用推销技巧，在预订过程中明确向谁推销、推销什么以及如何推销等，并且要不失时机地主动宣传和询问宾客是否有接机、订餐、订票等特殊要求，这样既对宾客进行了主动服务和推销，又使宾客加深了对酒店其他服务产品的了解。

预订员用电话进行推销时要控制谈话节奏、注意讲话技巧，要善于用描述性语言向宾客讲解几种客房的优势，说明能给宾客带来什么好处，以供宾客选择。但不要对几种客房作令人不快的比较，不要直接询问宾客要求哪种价格的房间，应在描述客房情况的过程中试探宾客，善于观察和尽力弄清宾客的要求和愿望，有目的地销售适合宾客的客房。不要放弃对潜在宾客推销客房，必要时可派人陪同他们参观几种不同类型的客房，增进与宾客之间的关系，以促成销售。

一般来说，预订客房的宾客在酒店并不仅仅住宿，他们还会进行其他的店内消费活动，这就意味着酒店在与宾客达成交易约定时，存在着推销其他产品的机会。受过良好训练的预订员会把握机会，不失时机地、巧妙地向宾客推销酒店其他产品。

操作技能

预计抵店宾客报表的制作

一、工作准备

1. 检查预订报表和各种统计表，掌握已经订出的客房情况和订房数量。
2. 查阅交接班记录，了解工作完成和未完成预订处理情况。
3. 准备好预订单和预订表格、用品，调整计算机处于待工作状态。

二、工作程序

预计抵店宾客报表的制作程序和工作标准如下。

工作程序	工作标准	注意事项
1. 准备填写	准备好预计抵店宾客的报表	为制作报表做准备，表格不要用错
2. 报表制作	（1）在计算机中分别查询相关信息，并填在表格相应的栏目中 （2）VIP 要特别注明，表格填好后在表格的末端签上自己的姓名	（1）正确填写表格，不能遗漏 （2）将信息清楚地列出，便于相关岗位了解客情
3. 报表分发	将填好的表格交给相关的部门和人员，并做好留存，以备查询	制作报表要及时，留存联上要有相关岗位接收人签字

三、注意事项

预计抵店宾客报表是反映未来一段时间内酒店预订宾客基本信息的表格。“近期”一般是指半月或一月以上，“预计”通常只统计订房宾客数量、每天所需房间、重要宾客或会议等，“每周预计”是预订处提前一周将宾客人数、日期、所需房间、团体或重要宾客等统计出来，做成每周预测，一式多份，分送酒店总经理及客房、餐饮、财务等部门，请他们做好准备。次日抵达宾客预测表比近期预测和每周预测内容要更详细，包括宾客姓名、房号及等级、房租、优惠条件等，将这些信息提前一天通知各部门，客房部可以提前安排好人员及时腾出和清理好房间，总服务台接待处可以准确分房，以提高服务质量。

特别提示

应了解预计抵店宾客的相关信息，包括宾客入住的时间、人数、国籍、身份、接待单位、特殊要求和收费办法，还要了解宾客的宗教信仰和风俗习惯、宾客的生活特点和活动日程及宾客离店的时间。

案例 1-5

处理国外某集团公司的预订

国外某集团公司到我国宁夏参加会议的宾客共 31 人，用房 16 间，虽然是集体订房，但宾客来自不同的子公司，订房要求、房价、付款方式均因人而异，经过前期沟通，第一批预付款终于到账，但出乎预料的是，汇款的数目有出入，本着对宾客负责和对酒店负责的精神，预订员小黄仔细一一核对，查出数目有出入的原因，并及时与该集团公司负责订房的姚小姐进行了沟通，弄清楚了所有账目。

为了确认宾客的准确到达时间，预先合理分配房间，小黄提前两周又拨通了姚小姐的电话，待小黄将致电的目的说明后，姚小姐赞叹道："你们考虑得太周到了，把我没有想到的问题都一一考虑到了。你们的敬业精神和认真严谨的工作态度深深地感动了我，我一定会配合你们工作，请放心，我会尽快将房间的分配方案发送给你们。"前期细致的服务与合作，使得此后的排房及接待工作非常顺利。

[**评析**] 这个案例中，预订员的工作做得非常细致，考虑问题很周到，不仅维护了酒店利益，还为宾客着想，做了超出自己平时工作范围的工作。由此可见，在工作中遇到困难时不能躲避和退缩，而是要采取积极的态度，主动学习新知识，积极动脑筋、找原因，向宾客说明情况，将所有问题在宾客抵店之前都一一解决，从而为后期的服务工作提供便利。

学习单元 2　客房预订单的核对、存放

一、宾客接待规格的分类

1. 宾客等级分类

酒店通常将宾客分为贵宾（VIP）和普通宾客。普通宾客按酒店的正常程序进行接待，而贵宾的接待则需增加一些特别的接待程序。

VIP 是英文"very important person"的简称，意为"非常重要的宾客"，一般称为"贵宾"。VIP 接待服务是酒店优质服务的集中体现，也代表着酒店接待服务的最高水准。

酒店通常将以下宾客纳入 VIP 的范围。

（1）社会名人

著名演艺人员、运动员，社会各界名流，新闻传媒的资深编辑、记者。

（2）业内人士及其他

酒店董事长、总经理，曾经对酒店有过重大贡献的人士，相关行业管理部门人员，酒店邀请的宾客，本人入住酒店豪华房 3 次以上的宾客，本人入住酒店 10 次以上的宾客，大型合作伙伴的董事会成员，总经理指定的宾客，根据酒店统计排名前十名的合作公司，和酒店有特殊经营关系的人员等。

酒店通常将 VIP 划分为几个级别，不同酒店划分的级别不同。一般自高至低依次为 A、B、C 和 D，也有自高至低依次为白金钻级、钻石级、白金级、金卡级。

2. 不同等级宾客的接待要求

对于不同等级的宾客，每个酒店接待的要求也不尽相同，见表 1-1。

表 1-1　　不同等级宾客的接待要求

项目	规格			
	A	B	C	D
客房配置	盆花、什锦干果、葡萄酒、五色水果、巧克力、总经理名片、总经理欢迎卡、全套酒店宣传册、晚安卡、晚间点心	盆花、四色水果、巧克力、总经理名片、总经理欢迎卡、全套酒店宣传册、晚安卡、晚间点心	鲜花、三色水果、巧克力、总经理欢迎卡、宣传册、晚安卡、晚间点心	鲜花、二色水果、总经理欢迎卡、宣传册、晚安卡、晚间点心
迎候	董事长带领全体中层干部在酒店门口迎候，为主宾献捧花，董事长送主宾进房间	总经理带领全体中层干部在酒店门口迎候，为主宾献捧花，总经理送主宾进房间	总经理带领全体中层干部在酒店门口迎候，为主宾献捧花，销售部经理送主宾进房间	全体中层干部在酒店门口迎候，为主宾献捧花，销售部经理送主宾进房间
用餐地点	宴会包间	宴会包间	宴会餐厅或包间	宴会餐厅或包间
房间类型	楼层套房	楼层套房	标间	标间

二、客房预订单的核对内容

1. 散客预订单的核对内容

（1）核对散客预订单主要内容：预抵店宾客姓名、单位（公司）、国籍（地区），预订房间种类、价格、间数，预抵店日期、时间和预离店日期、时间，预订种类（是否保证性预订等）。

（2）核对散客的付款方式及预付定金。

（3）核对联系单位（公司）及电话、传真等。

（4）核对散客是否有安排接送等特殊要求。

2. 旅行社团队预订单的核对内容

（1）核对团队预订单上的内容：抵离店日期、具体抵离店时间或航班号、团名及国籍、房间数量、类型、房价及人数。

（2）核对团队用餐日期、用餐种类及用餐人数。

（3）核对特殊要求：是否开长途，是否设迷你吧，是否可签单等，是否需陪同或个别宾客提前抵店，是否有某位宾客按贵宾接待，团队是否有素食用餐需求，团队是否要求悬挂横幅等。

（4）核对团队的付款方式：挂账、现付或预付。

（5）所有上述的订房单据，都要保留作为订房/变更/取消的根据，凡是已接到的团体资料，均需复印一份附在订单后作订房凭证及主管检查之用。完成团队的更改或变更后，将订房的资料按制单日期先后统一放在文件夹中存档。

（6）根据团队到达的日期及合同的要求，定期提醒销售部提前三天至一星期主动与旅行社联系落实情况，督促和要求旅行社定期落实自己的团队。另外，每天早班时将次日到达的团队信息逐一与销售部核对（人数、房数、日期、晚数、订餐、特殊要求等）。

3. 会议通知单的核对内容

（1）核对会议的基本信息

会议名称、主办单位、联系人、参会人数及时间、房间类型、数量、房价、住房人数及抵离店日期。

（2）核对会议的付款方式

房费、杂费由谁支付，是否交房费及杂费押金，费用如何支付（支票或现金）。

（3）核对会议的特殊要求

是否开长途，是否设迷你吧，是否可签单，是否需派车、鲜花、水果，车型、鲜花、水果的类型及价格，费用由谁支付。

（4）核对其他事宜

有无会议名单，是否需设接待台，宾客如延住房价按何种价格执行。

三、核对次日预计进店宾客客史档案

1. 打印出客史档案中含有特殊要求的次日预计进店宾客报告，为核查做准备。

报告的日期要准确。

2. 按姓名顺序一一查看客史档案中的特殊要求，将过期的信息删除，将重复的信息合并，重新整理清楚。通过看报告的方式，可以更快查找。信息应逐条核对，不符合要求的均需更改。更改过的客史档案，特殊要求必须条理清楚、一目了然。

四、预订资料的存放

1. 存放方式

当预订确认书发出后，预订资料必须及时、正确地予以记录和储存，以防疏漏。预订资料一般包括客房预订单、确认书、预付订金收据、预订变更单、预订取消单、客史档案卡及宾客原始预订凭证等。有关同一宾客的预订资料应装订在一起，将最新的资料存放在最上面，依次排列，以利于查阅。预订资料的记录储存可采用下列两种方式。

（1）按宾客所订抵店日期顺序储存

按照宾客所预订的抵店日期顺序，将预订单归档储存，以便随时掌握未来的宾客抵店情况。通常将预订资料存放在一个大卡片箱或抽屉里。

（2）按宾客姓氏字母顺序储存

按照宾客姓氏首字母的顺序，将预订单归档储存，以便随时查找宾客的预订资料。同时，前厅部问讯处和电话总机也可通过宾客姓氏字母顺序快捷有效地查找相关资料。

预订员将全部订房资料装订、收存在资料夹内，注意要将最新的资料放在最前面。另外，对于有 2 次以上订房要求或同一批宾客分多次陆续到店等特殊情况，预订员还应将预订资料复印多份，按抵店日期顺序分别存入预订资料柜内。

2. 存放注意事项

应收集好需要留存的订房单，为留存资料做准备。订单收集应全面，不能漏存。

订房资料需按抵店日期存放，不能存错日期。订单上的抵达日期与资料留存夹上的日期应一致。将订房单放入资料夹中，以便随时查找。

对于近期的订房资料，一般先按抵店日期，后按字母顺序存放。远期的订房资料，一般先按抵店月份，后按字母顺序存放。

操作技能

客房预订单的核对

一、工作准备

1. 查阅交接班记录，了解工作完成和未完成预订处理情况。

2. 准备好预订单和预订表格、用品，调整计算机处于待工作状态。

二、工作程序

以核对次日所有散客订房为例介绍客房预订单的核对程序，具体如下。

工作程序	工作标准	注意事项
1. 阅读订房资料	仔细阅读订房单上的信息，标出关键字和信息	（1）全面熟悉订房信息 （2）思想集中，标出关键字和信息
2. 核对计算机	（1）根据预订单上的信息，核查计算机中输入的信息是否准确（包括抵离日期、价格、宾客姓名、客史档案、公司协议等） （2）给需要 VIP 宾客排房，并检查所排出的房间是否符合宾客的要求 （3）将需要乘酒店班车的宾客姓名填写在“预订乘班车抵店宾客一览表”上，一式三联。将已订酒店专车接送的宾客与大厅服务处再次核对	（1）保证计算机中输入信息和宾客要求一致并表达准确，从而给其他班组和部门提供最准确的信息 （2）给 VIP 宾客排房，便于其他部门提前布置房间 （3）计算机中的信息完全准确，输入格式规范，所排房间符合宾客要求并可使用
3. 核查各类手工通知单	根据已核查的正确信息，检查手工开出的通知单（VIP 呈报单、特殊要求通知单、票单、车卡、派车单）	（1）促使其他班组和部门对宾客的重要信息给予足够的重视并落实，以免出现疏漏 （2）字迹清楚，语句通顺，信息准确无误

三、注意事项

通常可以将以下 3 点作为区分散客与团队宾客的参考依据。

1. 宾客中是否有领队。

2. 是否要为宾客安排特殊项目服务、提供优惠价格及办理预订的完整计划。

3. 宾客与酒店结算账务是否按主账单、分账单分别处理，即主账单由与酒店签订合同或协议的单位支付，而分账单则由宾客自行支付。

特别提示

按日期打印出次日抵店宾客的报告和特殊要求报告，以便再次核查次日抵店的预订。及时取回打印好的报告，按照报告上的宾客名单，一一与计算机中的信息进行核对，查看是否有遗漏未查的预订。根据特殊要求报告，核查宾客的特殊要求是否给予安排，手工通知单是否已填写。确保每个预订和手工通知单均已核查过。如有遗漏，可以及时补查。切记要逐一检查，无一疏漏。核对无误的报告放在规定的资料柜中统一保管，做到有备可查。按抵店日期整齐摆放。

案例 1-6

宾客的特殊要求

某日，预订员在查询次日到店宾客资料时，见有一宾客对房间安排有特殊要求。因为这位宾客已有一年多未来酒店了，预订员便将此信息写在交接本上，让第二天总台的接待员在办理手续时向宾客再确认一下。第二天当宾客来到总台时，接待员便向宾客确认他的特殊要求，宾客非常惊讶，连声说："你们还记得，这个酒店真不错!"

[评析] 留意宾客的举动，了解宾客的喜好，是个性化服务的一种体现。酒店将宾客曾经提出的特殊要求记录下来，提供针对性服务。接待员在宾客入住酒店时，告知他曾提出的特殊要求已经安排好了，这样既可以让宾客感到酒店对他特别重视，又可以再确认特殊要求的准确性。

该酒店预订员工作非常仔细，他在前一天就做好宾客进店的一切准备，将计算机中记录的宾客的特殊要求记在交接本上，交接给第二天的接待员，这样就保证了酒店的接待服务完美无缺。

学习单元 3　订房信息的传递

宾客抵店前的准备工作即订房信息的传递，是前厅对宾客服务过程中非常重要的一环。只有信息传递做到及时、准确、细致、有序，才能帮助相关部门根据宾客的特点提前做好充分的准备，提供有针对性的服务。

一、订房核对及客情预报表

1. 订房核对

为了提高预订的准确性和酒店的开房率，并做好接待准备，在宾客抵店前(尤其是在旅游旺季)，预订人员要通过书信或电话等方式与宾客进行多次核对，问清宾客是否能够如期抵店，住宿人数、时间和要求等是否有变化。预订的核对通常分为三次，由预订员每天例行核对下月同日、下周同日、次日预抵店的宾客。

第一次，在宾客抵店前一个月时进行，每天核对下月同日抵店或订房的宾客。

第二次，宾客抵店前一周时进行。

第三次，宾客抵店前一天进行。如发现宾客取消或变更订房时，应及时修改预订单并将信息尽快传递到相关部门。

2. 向相关部门提供客情预报表

预订处的工作除了做好客房预订外，每天还要把次日的客情预报表通知其他部门，便于他们做好准备工作。客情预报表具体包括以下内容。

(1) 散客和团队预订的准确信息。

(2) 散客和团队预订的特殊要求。由领班核查散客和团队预订的特殊要求后将特殊要求通知单发往相应部门。将有签收人签字的留存联收回，夹在特殊要求通知单的留存夹中，以备查询。

(3) 预订更改和取消的信息。

(4) VIP 接待的所有信息。

二、预订处与其他部门和岗位的信息传递

1. 预订处与销售部

销售部主要负责市场推广特别是团体宾客的订房推广，促销活动每年为酒店客房达到一定出租率起着保障作用，但最后完成订房受理工作仍需通过预订处。在旅游旺季，预订处确定的团队与散客比例是否合理，对酒店营业收入有着直接影响，确定时需根据销售部提供的市场信息合理定夺。因此，双方必须密切沟通、协调、合作并共享信息。

预订处必须及时从销售部获取预订团队的资料，同时及时向销售部提供可出租客房类型、房价和预订情况等信息，共同掌握客房的预订情况，以最大限度地利用客房，提高客房使用率。销售部应将团队/会议、长住宾客等订房情况及时通知预订处，预订处、前台接待处应将零散宾客的订房情况及时通知销售部。接待处应每天将实际到店客房数、实际离店客房数、提前离店客房数、近期离店客房数、临时取消客房数、预订单位抵店宾客用房数及时通知预订处。

2. 预订处与接待处

前厅部的接待处与预订处之间的信息沟通对于正确显示和控制房态具有重要的意义。

客房预订处应每天将已经延期抵店、实际取消及反映次日抵店宾客的用房资料书面通知接待处，以便最大限度地提高销售量并满足宾客的接待要求。

接待处应每天填写客房状况调整表，将实际到店客房数、临时取消客房数、虽预订但未抵店的宾客用房数、换房数等信息通知预订处。预订处据此更新预订汇总表等预订资料。

3. 预订处与收银处

预订处与收银处的联系主要表现在当宾客采用担保订房或预付押金订房时，预订处必须及时与收银处联系，给宾客立账，做出准确记录。任何有关这些费用的争议都需要双方共同协作解决。

4. 预订处与行李处（见图 1–4）

预订处每天应将第二天需接机的宾客名单、宾客到店通知单、贵宾通知单送至行李处，以利于行李处做好接待准备工作。

预订处还需根据预订宾客的具体信息，将相关信息传递给客房中心和宴会预订等部门和岗位。

图 1-4　预订处和行李处的信息传递

操作技能

订房信息的传递

一、工作准备

1. 检查预订报表和各种统计表，掌握已经订出的客房情况、订房数量。
2. 查阅交接班记录，了解完成和未完成预订的处理情况。
3. 准备好预订单和预订表格、用品，调整计算机使其处于待工作状态。

二、工作程序

1. 分发 VIP 宾客通知单

工作程序	工作标准	注意事项
分发 VIP 宾客通知单	（1）当日到店的需将 VIP 宾客通知单填好后立即发出 （2）次日到店的由晚班工作人员在下班前一小时将 VIP 宾客通知单交给大厅服务处分发 （3）将大厅送来的有各部门签字的留存联留存在 VIP 宾客呈报表的资料夹中	（1）当日新增信息立即发出，保证 VIP 信息传递迅速，以防有增加的 VIP 客情需要填写 （2）确保各部门收到 VIP 宾客通知单，预订处有据可查 （3）当日的 VIP 客情立即交主管或领班核查后发出 （4）次日 VIP 客情下班前一小时发出 （5）收回的留存联必须由签收人签字并统一存放在 VIP 客情资料夹中

2. 填写并分发下周团队客情预报表

工作程序	工作标准	注意事项
1. 准备下周团队客情预报表	准备好下周团队客情预报表，一式九联	准备一式九联的团队客情预报表，为填表做准备
2. 填写一周团队客情预报表	（1）在表格的右上角注明下周的起止日期 （2）按照日期在计算机中查询团队的数量，然后将每个团队或会议的编号、团名、抵离日期、用房数、人数、用餐情况、国籍、接待单位等逐一填写在表格相应栏目中。如是VIP团队，要特别注明 （3）所有团队和会议填好后统计出团队总数、用房总数、总人数，并写在表格下面	（1）统计下周每天的到店团数量，提前预报，便于其他岗位了解客情安排工作 （2）表格上所要求填写的团队信息必须准确，不能遗漏 （3）在表格的下方要统计一周团队的总数、总用房数、总人数
3. 签署姓名发至相关部门	签名，发至相关部门	（1）将预报表发送至相关各部门 （2）留存联上需有各部门接收人签字

3. 为预订宾客安排房间

工作程序	工作标准	注意事项
1. 准备排房	（1）在计算机中输入宾客姓名，查询到预订 （2）进入选择房间界面	确保查询到的预订日期、姓名准确
2. 开始排房	（1）根据订房人的要求和宾客客史档案中的提示为宾客选择合适的房间，在选择时应遵循排房规则 （2）查看所选择的房间是否可以使用	（1）确保房型、房价符合宾客的要求。查看房间状况，确保所选房间在此时间段可以使用 （2）所选房间一定要符合宾客的要求并确保可以使用
3. 确定房号	将所选择的房号输入房间预订界面的房号位置处并确定	房号应输入正确

三、注意事项

通常酒店 VIP 接待通知单要发送至以下部门：总经理室（3 份）、销售部、餐饮部、前厅部、客房部（2 份）、大堂副理、洗涤部、工程部、消防中心、保安部、行李组、总机、商务中心、稽核、接待、询问、营业总监、票务处。

特别提示

宾客抵店前夕，预订处一定要将具体接待安排以书面形式通知酒店有关部门，使各部门做好对客服务的准备工作。

案例 1-7

石小姐的疏忽

某酒店销售部接到一个日本团队住宿的预订（要求在同一楼层的标准间），销售部开具了预订通知单，交给了总台石小姐，由于石小姐工作疏忽，错输了信息，安排错了楼层。与此同时，又接到一位新加坡李姓宾客的电话预订，李先生是酒店的常客，与石小姐相识，石小姐便把应预留给日本宾客的客房许诺订给了这位新加坡宾客，且告知了房号。

[评析] 石小姐的错误之处在于，没有与销售部同事再次确认预订通知单的细节，在把相关信息输入计算机后也没有再次确认，更没有及时安排日本团队所要求的房号并把房号告诉销售部。

因此，要做好订房信息的传递工作，酒店要做到：部门经理制定分房程序，当班的领班对分房情况进行检查，总台负责分配房间的员工根据预订通知单分配房间并做检查。

思考题

1. 某宾客10月1日22：00入住，10月2日20：00退房，只住了22小时，酒店却收取其2天房费，你认为合理吗？为什么？

2. 如果一位有担保订房的宾客，在预订日18：00前抵达酒店，而酒店不能向其提供客房，酒店须向这位宾客提供哪些服务？

3. 宾客在预订房间时，嫌房价太贵，说前几次预订比这次便宜。此时，作为预订员应该怎么处理？

4. 预订时宾客要求给予低于“签约折扣”的折扣怎么办？

5. 酒店是否可以超额订房？确定超额订房数量应考虑哪些因素？

6. 预离宾客未走，预抵宾客已经到达，而一时又没有周转房调剂怎么办？

7. 已有预订的宾客在没有房间的情况下不愿意到其他酒店入住怎么办？

8. 如何处理超额预订引起的投诉？

9. 冯女士向酒店订房时，明确指定要一间每晚500元的标准间，酒店也予以确认。冯女士如期抵店，酒店却因房间无法周转而不能向其提供已确认的房间，总台员工向冯女士建议如果再多支付50元，可以为其安排一个大床间，冯女士非常气愤。请问：此服务错在哪里？

职业模块 2 礼宾行李服务

礼宾组也称大厅服务处，是酒店前厅的一部分，主要提供宾客迎送服务和行李服务。礼宾组（见图 2-1）包括行李员、迎宾员、机场代表等，是直接为宾客提供服务、传递各种信息的部门，是酒店的“门面”，是提供全方位“一条龙服务”的岗位，是酒店给宾客的第一印象和最后印象的提供者，其英文名称为“concierge”。

图 2-1　礼宾组

培训课程 1

物品转交

物品转交服务是礼宾组提供的常规服务之一，是为了方便访客与住客之间的沟通而提供的服务，除贵重物品、危险物品外，一般都予以受理。礼宾组要对转交物品做好详细记录，每天做好交接，还要主动与住客进行联系和沟通。

学习单元 1 宾客转交物品的处理

转交物品是一项为方便宾客与其他宾客或亲友、同事交接物品而提供的服务。该服务除不接受危险、违法物品外（贵重物品一般由总台收银员保管），还要求其中一方须是或曾经是住客，否则，出于安全考虑及存放物品仓库面积的限制，酒店一般不予办理。

接办转交物品时，礼宾员要有安全意识，要严格执行登记和检查制度；要善于发现可疑物品和危险品，要婉言拒绝存放这类物品，遇有特殊情况要立即上报。

受理转交物品时要注意以下几个要点：

1. 认真检查存放的物品及数量。

2. 请宾客填写（或代宾客填写）“转交物品登记表”，留下联系人姓名及电话，并注明物品存放的位置。

3. 小件物品放在服务台的柜子里，大件物品放在行李房仓库中。

4. 需转交给住店宾客的物品，若宾客不在房间，要填写“留言通知单”。留言通知单一式两联，一联由行李员送入客房，另一联放在总台，同时要在计算机中设置提示并打开房间电话的留言灯。

操作技能

宾客转交物品的受理

一、工作准备

1. 礼宾员了解需转交物品的名称和数量以及转交的注意事项。

2. 礼宾员准备好工作笔和“转交物品登记表”（见范例 2-1）。

范例 2-1

转交物品登记表

ITEM FORWARDING RECORD

日期 Date	收件人姓名及房号 Receiver Name &RM No.	物品描述 Description	委托人姓名及房号 Consigner Name &RM No.	联系方法 Contact Method	是否留言 Messag-esent	承接人 Agent	取件日期 Pick up Date	取件人签字 Picked up By	委托人签字 Consigner Signature

二、工作程序

受理宾客转交物品的工作程序和工作标准如下。

工作程序	工作标准
1. 接受转交物品	（1）查看物品，了解物品名称及件数，贵重物品请宾客去总台收银处寄存，危险品则拒收 （2）询问委托人姓名、房号、单位名称、联系电话 （3）询问收件人姓名、房号、单位名称、联系电话
2. 登记	（1）逐项填写“转交物品登记表” （2）委托人、收件人、经办人均应签名
3. 存放	安善存放转交物品

三、注意事项

在接受转交物品时，如有特殊物品要酌情处理。

1. 鲜花、水果、食品等物品，需请行李员即刻送入客房并签字。

2. 对于有预订而未到的宾客须在第二天通知委托人取回物品。

3. 对转交给来访者的食品、鲜花等物品，应询问宾客若收件人两天内不来取将如何处理，并按宾客要求做。

学习单元 2 转交宾客物品的处理

宾客来取转交物品时，礼宾员需做好以下工作。

1. 核对身份，确认后方能将物品交给宾客，若是非住店宾客，则要复印有效证件留存。

2. 请宾客在“转交物品登记表”上签字。

3. 关闭留言灯，将通知单处理掉。

相关链接

对于长期无人认领的转交物品可参考酒店失物招领服务的具体做法操作。

失物招领服务一般由酒店专门部门、专门人员按指定的专门程序来提供。这是对宾客服务的需要，也是酒店良好精神风貌的体现。

一、遗留物品的种类

通常酒店将宾客遗留的物品分为两类。

1. 一般物品

（1）食品：糖果、烟、酒等。

（2）物品：衣裤、小礼品、化妆品等。

2. 贵重物品

照相机、计算机、手机、现金、首饰、工艺品、证件、文件等。

二、遗留物品处理程序

1. 员工在发现遗留物品后的处理规程

(1) 宾客物品通常遗留在客房，所以宾客离店后楼层服务员应迅速查房，一旦发现有遗留物品，应立即通知客房中心或直接与总台联系，尽可能在宾客还未办完离店手续前送交物品。

(2) 在餐厅或其他公共场所的服务员一旦发现遗留物品也要按上述方法处理，还可通知大堂经理处理。

2. 员工在宾客离店情况下的处理规程

(1) 各部门员工捡到宾客遗留物品并证实宾客离店后，应及时送交有关部门（通常交给客房中心保留，也有放在保安部、前厅部大厅组保管的）。

(2) 上交时，捡到遗留物品的员工应填写一份“遗留物品登记表”，一式三份，将捡到物品的时间、地点、名称、数量和特征等一一写清楚。

(3) 客房中心接到楼层服务员送来的宾客遗留物品和登记表时应核对、清点并签字，并将物品分类保管。然后将一联与物品贴附在一起，一联客房中心留存，一联交大堂经理。最后在宾客遗留物品记录本上登记，并报部门经理。

(4) 大堂经理接到客房中心交来的“遗留物品登记表”后，应在失物招领记录本上登记，并与总台、大厅服务处联系，如宾客来电、来人查找等，须及时向有关部门通报。

3. 大堂经理接到宾客报失时的处理规程

(1) 接到宾客报失时，先问清详细情况，如姓名、房号、遗失物品时间及失物内容，并填写“宾客报失登记表”，一式两份。然后根据宾客报失的内容，立即从失物招领记录本中查找相关信息，并与客房中心交来的“遗留物品登记表”核对。如遗失时间发生在当天，还应与有关部门联系，一起帮助查找。

(2) 如果找到了宾客遗留的物品，则应通知保管部门将物品送至大堂经理处。在核对准确后，请宾客认领，并在“宾客报失登记表”中的“处理结果”栏内填上认领时间、证件号，请宾客签字。办完认领手续后，大堂经理在“失物招领单”上签字，一份自己留存，一份客房中心存档。

(3) 如找不到报失的物品，则要请宾客再仔细回忆遗失的时间和地点。

如确实找不到，应向宾客解释清楚并安慰宾客。

三、遗留物品保管与处理期限

宾客遗留物品（包括转交物品）不可能无限期存放在酒店，一般期限为3~6个月，最长保存时间各酒店不尽相同，但一般也不超过2年。超过期限，酒店可按有关规定做出处理。一般处理程序是由客房部提出意见（若为大厅服务处无人领取的转交物品或寄存物品，则由前厅部经理提出意见），报酒店总经理审阅签字后处理。对于被处理的遗留物品，有些酒店归捡到者，有些酒店将其当作年终开奖的奖品，也有的酒店将其拍卖，所得款项捐给慈善机构。

操作技能

宾客物品的转交

一、工作准备

1. 礼宾员了解需转交物品的名称和数量以及转交的注意事项。
2. 礼宾员准备好工作笔和“转交物品登记表”。

二、工作程序

宾客物品转交的工作程序和工作标准如下。

工作程序	工作标准
1. 通知宾客	（1）若是给住客的转交物品，应及时电话联系，如宾客在房间，及时请行李员送入客房 （2）若宾客不在房间，应写“邮件留言单”通知宾客，打开房间电话留言灯
2. 取件	（1）宾客来取件时应请其出示相应的证件（如住店宾客请其出示房卡，非住店宾客请其出示身份证等有效证件）并签名 （2）若取件人是受他人委托来取，除了出示有效证件、签名外，还要复印其证件以备查 （3）转交经办人签名

三、注意事项

1. 转交物品对转交方和被转交方的宾客来说都是很重要的，因此，酒店要慎重对待。大厅组每班都要核对被转交物品，查看计算机中的宾客名单，将转交给次日抵店和即将抵店宾客的转交信息输入计算机，以便将物品及时交给宾客。

2. 对于超过取件日期或长期无人来取的物品，要设法与留件人和取件人取得联系。

3. 每天早班要将没有取走的物品重新核对一遍。

案例 2-1

客人没收到转交的物品

一位客人事前曾告知他的朋友他将来北京，并托他的朋友为他购买几张光盘在他住店时送到酒店。客人的朋友在客人进店当天给酒店前台打电话询问该客人是否已经入店，前台服务员在计算机中未查到该客人姓名，便告知该客人未到店。在客人朋友坚持请服务员再认真查询的情况下，服务员再次进行了检查，结果发现客人名字输颠倒了，客人已经入店。客人的朋友便赶到酒店，但是客人因事外出，客人的朋友因有事无法再等待，便将光盘留在前台，请服务员代为转送给客人。但是客人第二天离店时，仍然没收到光盘，于是给他的朋友打电话询问为什么没为自己买光盘。客人的朋友解释了当天的情况，虽然客人表示理解，但是心情仍然不愉快。客人的朋友后来进行了投诉，要求酒店给客人发一封致歉信，并将光盘邮寄给客人以证明他的清白。事后发现，酒店前台服务员拿到客人的光盘未及时登记，在下班时也未做交接，接班人员也未检查客人转交物品造成工作脱节，直到客人投诉时才发现给客人的光盘还留在服务台。

［评析］这是一起非常严重的服务质量投诉事件。整个接待过程中连续发生了不该发生的问题，给酒店造成很坏的影响。酒店既失去了当面向宾客道歉的机会，使客人与他的朋友产生了较大误会，也使客人朋友的信誉和精神受到伤害。就算酒店做了善后处理，并对服务员进行了处罚，但是给客人及其朋友造成的心灵创伤在短期内很难彻底愈合。

1. 由于服务员在宾客资料输入计算机、计算机查询、接收物品转交登记及交接班等环节上出现差错，导致宾客姓名输错后未能及时查询到客人，物品未做登记、交接，光盘未能及时转交客人，导致客人的严重投诉。

2. 现场督导管理不到位，操作程序不完善，培训不到位且员工缺乏责任心，是出现上述问题的直接原因。因此，酒店应该从这起投诉中吸取教训，完善管理制度和操作程序，加强业务培训，争取从源头消除管理隐患。同时员工也要增强自己的责任心，这样才能避免再次发生类似投诉。

案例 2-2

被领走的手机

酒店宾客张先生反映自己的手机丢在酒店，酒店迅速查找，虽然在“遗留物品登记表”中查找到，但是已经被其他人领走了。酒店解释由于领手机的人正确报出手机号码及型号，所以就把手机交给他了。此事如何处理较妥，酒店方面是否有责任？

[评析] 手机属于贵重物品，在领取失物的操作流程中应该有明确规定，不是任何人都可以随意领取的。酒店应该在核实失主身份后再交还手机，不能只凭对方报出手机号码及型号就让其领走手机，核实时应该核对遗失地点等相关信息。宾客领取失物时，酒店还应该复印宾客证件，并请宾客写下收据证明（存档）。如果酒店没有做这些工作，那么责任就应由酒店承担。

培训课程 2

行李服务

行李服务（见图 2-2）是礼宾组提供的主要服务之一。行李送错、损坏或丢失都是非常严重的事故，会给酒店和宾客带来难以弥补的损失。因此，礼宾组一方面应加强对员工的培训，提高员工的责任心和技能；另一方面还要加强管理和督导，尽可能杜绝此类事故的发生。一旦发生了此类问题，酒店应高度重视，一般由大堂经理介入和前厅经理共同处理。在处理时，既要让宾客满意，也要兼顾酒店的利益。行李车如图 2-3 所示。

图 2-2　行李服务

图 2-3 行李车

学习单元 1 行李错送的处理

一、行李错送的几种情况

1. 散客进店，行李员单独送行李时将房号记错。
2. 团队换房，总台未将信息告知大厅服务处。
3. 在分团队行李时，行李员将房号或相近姓名宾客的行李搞错。

二、行李错送处理的要求

发现行李错送，要在第一时间查询行李运送记录，仔细核对查找，直到正确为止。如宾客反映行李错送，要及时道歉。

操作技能

行李错送的处理

一、工作准备

行李员准备好笔、“行李运送记录表”和“团队分房表”。

二、工作程序

行李错送处理的工作程序和工作标准如下。

工作程序	工作标准
1. 接受信息	（1）行李员在核对行李时，发现行李错送或宾客反映行李送错了 （2）如是宾客反映行李送错了，要立即道歉
2. 查找原因	（1）请当事的行李员回忆经过 （2）如为散客，核对“散客行李运送记录表” （3）如为团队，核对附带宾客名单的“团队分房表” （4）核对换房记录表
3. 纠正	将行李送入正确的房间

三、注意事项

新员工出现行李错送可能是技能不熟练，老员工出现此问题则可能是缺乏责任心。因此，大厅服务处主管在事后要分析原因，对前者要加强技能的培训，对后者则要加强责任心的培养。

案例 2-3

处理送错的行李

某酒店在11月上旬接待了一个国际性会议，该会议规格高、人数多，有不少志愿者参与了服务。中午，正值宾客进店高峰，行李员小曹在酒店大门前迎接宾客。这时，一辆参加会议的宾客专车进店，小曹急忙迎上前去礼貌地同宾客确认行李。一宾客告知随车的两名志愿者认识他们的行李，志愿者随即从车上卸下了四件行李。凭着良好的工作经验，小曹看见车上十几件行李堆放在一起，连个行李牌也没有，感到这样很容易出错，于是在车辆临开前，他认真地记下了车牌号，并问清了车辆下一站将开到哪家酒店。很快，宾客发现少了一件行李。小曹一边安慰宾客，一边问清了行李箱的品牌与外观、颜色，并向主管做了汇报。在主管的同意下，小曹乘出租车直奔那家酒店，取回了宾客的行李。宾客拿到被追回的行李，直夸小曹素质高、责任心强。

［评析］在宾客多、行李多的情况下，酒店很容易将宾客的行李送错，行李员小曹工作经验丰富、责任心强，及时追回了宾客的行李，使宾客非常满意。

学习单元 2　行李破损的处理

一、行李破损处理的要求

在处理破损行李时首先要查找破损原因，确定赔偿责任者。如果宾客有确凿证据证明行李破损系酒店原因，酒店应无条件为宾客修理行李，能恢复原状的尽量恢复原状，不能恢复原状的应适当赔偿。

二、行李破损的处理

对于行李破损的处理，各酒店的做法不完全相同，以下两点是酒店的惯例做法。

1. 由于行李本身破旧、存在质量问题或各种意外原因而造成的破损，行李员应主动向宾客说明原因，并向宾客赔礼道歉，同时向主管反映。

2. 行李员在运送、搬运行李时，由于疏忽大意而造成行李破损的，如果行李箱破损面积不到整个行李箱的 1/3，则赔偿其行李箱价格的一半，并对行李箱内损坏的物品照价赔偿，且向宾客当面道歉；如行李箱破损面积超过 1/3，则赔偿宾客等同于行李箱的价格，并对行李箱内损坏的物品照价赔偿，且写出书面道歉信。

操作技能

行李破损的处理

一、工作准备

行李员要具有良好的仪表仪容和工作状态。

二、工作程序

行李破损处理的工作程序和工作标准如下。

工作程序	工作标准
1. 查明情况	（1）向宾客询问行李破损的原因，确认赔偿责任者 （2）查看行李破损情况，确定修补措施 （3）问清宾客姓名、房间号码和提取行李时间 （4）将以上情况详细记录在工作日志上
2. 修补	（1）按行李破损情况实施修补 （2）如行李需要到店外修理时，应首先向宾客讲清外出代办的费用和交通费，待宾客同意后方可外出修理
3. 交与宾客	将修理好的行李及记录有修理费用、交通费用和代办费用的单据交给宾客，待宾客查验无误后方可离开

三、注意事项

为避免行李员在运送、搬运行李时出现人为破损，应注意以下几点。

1. 在接收行李时，应注意行李外表是否有破损或水渍，如有上述情况，应该避免移动，马上通知行李组主管并转告宾客。

2. 不可将行李压叠或倒置。

3. 提入行李时，应手持行李把手，不可牵提手带或其他不牢固的地方。

4. 在任何情形下，不得脚踢、拖拉、抛接、脚搭或坐在行李上。

5. 暂卸行李的地方不应妨碍交通及行人，地面要平坦、清洁。

学习单元 3　行李丢失的处理

一、行李丢失赔偿的几种情况

行李丢失牵涉到责任的划定问题，如明确行李已交酒店保管或寄存，酒店应负全责，其赔偿主要分为以下几种情况。

1. 如是贵重物品，并且宾客能举证箱内的物品价值，则按现行市场价折旧后赔偿；如是现金，且宾客能举证数额的，一般按照实际数额赔偿。

2. 如宾客不能举证所存放物品的价值，则按一般物品赔偿。

3. 一般物品的赔偿是指按公众认可的当地的现行标准赔偿。

4. 具体问题具体协商。

二、行李丢失处理的要求

如（团队）行李是在运送过程中丢失的，则应分清是旅行社运送丢失的还是与酒店交接过程中丢失的，分清责任后由责任方按上述原则进行赔偿。

操作技能

行李丢失的处理

一、工作准备

1. 行李员要具有良好的仪表仪容和工作状态。

2. 行李员要具有良好的沟通能力。

二、工作程序

行李丢失处理的工作程序和工作标准如下。

工作程序	工作标准
1. 问明情况	(1) 向宾客索要行李寄存卡 (2) 问清宾客姓名、房号和寄存行李时间 (3) 在行李寄存记录本上查找记录情况
2. 汇报	向主管或前厅经理汇报情况
3. 确定责任	与宾客沟通，确定责任，拟定赔偿措施

三、注意事项

在确认行李丢失，酒店又负有责任时，一般应请大堂经理介入，一起商谈赔偿事宜。请大堂经理介入，一是让他代表总经理处理问题，有足够的权威感和决定权；二是让宾客感到酒店的重视和诚意。

案例 2-4

某商务酒店擅自清出顾客行李致财物丢失

在××××旅行社的组织下，一支散客团进京旅游，团中 24 名成员多为中年人，下榻北京××商务酒店。

据游客们介绍，前日，他们前往长城和十三陵游玩，下午 6 时 15 分，众人返回酒店，刚想回房间歇歇，突然看见行李被扔到大堂里。大家的物品相互混杂，散落在沙发、墙角等处，且行李包连拉链都没拉上。

半小时后，游客们基本将各自行李取回，但检查完发现，一些财物不翼而飞。游客举例说，陈女士的母亲找到外衣时，不见了口袋内的 800 元现金。另一名女士翻遍行李，发现金项链、手镯等首饰失踪。

晚 7 时许，游客们纷纷报警。随后，在派出所民警的介入下，酒店方向失主做出现金赔偿，共计约 3000 元。

随后，他们从酒店负责人口中得知，服务员之所以将行李全部清出，是为尽快打扫房间，腾给另一个团住。

“下午 5 点多，导游小孟曾说过晚上要换酒店，向我们征求意见。”游客说，“当时，大伙见对方态度和善，服务也不错，就答应了。但事先说好，要给时间收拾东西，没想到回来就变成这样。”

对此，孟姓导游予以证实。

晚 11 时许，24 名游客仍守在大堂内，与店方负责人协商赔偿事宜。

就每人 500 元精神损失费的要求，酒店予以拒绝并表示，店方已免去该团三日房费、部分餐费及 1 万元的团费。“再赔 1 万多元，我们无法接受。”

凌晨 5 时许，在酒店负责人的劝导下，游客最终让步，每人领到了 300 元赔偿。随后，大巴将剩余游客送至另一家酒店。

酒店方表示，一团体准备晚上入住酒店，因客房不足，他们于当日上午 9 时通知旅行社希望将旅行团转至另一酒店。当时，旅行团同意，并表示将在下午 1 时左右带游客回来。由于旅行团迟迟未归，服务员一时操作不当，直接将物品清出。但旅行团导游孟先生及其领导均予以否认，称接到通知是在当日下午 5 时许。

（选自《新京报》）

[评析] 当事酒店单方面要求提前终止住宿协议，不能被视为解除合同生效。酒店须经过旅行社的书面认可，得到书面回复，才可提前解约。当事酒店的做法不但违约，还侵犯了游客的财产权益，应承担合约内的违约责任。

案例2-5

寄存的行李不见了！

某天早上，酒店大批团队宾客和散客离店，行李员不停地为宾客送行李和存行李。这时，一位客人递给行李员一张行李牌下联，可找遍了整个寄存室也未能找到与这张行李牌所匹配的行李，后向其他行李员询问才得知，此件行李已经被误发给另一个团队，并且该团队已经离开酒店。行李员将此事汇报给当班礼宾员，礼宾员一边向客人道歉，表示尽快将行李追回以请求客人原谅，一边与团队的领队联系。后得知此行李确实在团队大巴上，现正在赶往机场的途中。礼宾员迅速将此消息告知客人，并安排行李员立即乘坐出租车前往机场取回行李。一个小时之后，行李员终于将行李取回交还到客人的手中。

[评析] 工作责任心是员工做好各项工作的基本素质。在酒店客情旺季时，由于行李员缺乏责任心，没有认真按照行李发放程序操作，导致错发客人行李，造成客人的不便与不满；事发之后礼宾员沉着冷静，及时安抚客人，根据自己的工作经验查找到行李的下落，并迅速取回交还客人，平息了此事。

思考题

1. 受理转交物品有哪些要求和注意事项？
2. 接收转交物品有哪些程序？
3. 行李送错有哪几种情况？如何处理？
4. 在运送行李时，如何避免损坏行李？一旦出现行李破损应如何处理？
5. 如何处理行李丢失的问题？

职业模块 3 前厅接待服务

培训课程 1　外币兑换

学习单元 1　外币现钞的兑换

学习单元 2　外币旅行支票的兑换

培训课程 2　贵重物品保管

学习单元 1　贵重物品的寄存

学习单元 2　贵重物品的提取

培训课程 3　宾客留言

学习单元 1　住客留言的处理

学习单元 2　访客留言的处理

培训课程 4　客史档案管理

学习单元 1　客史档案信息收集

学习单元 2　客史档案的建立

学习单元 3　利用客史档案提供针对性服务

前厅接待服务是前厅部对客服务全过程中的关键环节。接待服务工作的效率将直接影响到前厅销售客房这一首要功能的发挥。本章从外币兑换、贵重物品保管、宾客留言和客史档案管理四个方面详细地阐述了每个环节应掌握的知识点、具体的操作要求和方法，以培养前台接待员的销售技巧和服务技能，努力提高销售效果和酒店的收益。

培训课程 1 外币兑换

酒店设立外币兑换业务是服务的延伸扩展，主要是为了方便宾客付款结账。在我国，绝大部分外币兑换服务都由酒店的收银员办理，因此，了解酒店兑换外币的种类和掌握外币识别方法是非常必要的。

学习单元 1　外币现钞的兑换

一、外币现钞的种类

1. 外币的概念

外币，是指除本国货币以外的其他国家和地区发行的货币，有纸币和铸币两种形式，分为自由兑换货币和非自由可兑换货币两种类型。自由兑换货币在对外贸易和非贸易经济往来中作为国际支付手段，在国家与国家之间可自由兑换。

2. 我国收兑外币的种类及代码

部分外币的种类及代码见表 3–1。

表 3-1 部分外币的种类及代码

币种	代码	币种	代码
港币	HKD	日元	JPY
美元	USD	加元	CAD
英镑	GBP	澳元	AUD
瑞士法郎	CHF	澳门元	MOP
新加坡元	SGD	菲律宾比索	PHP
瑞典克朗	SEK	泰铢	THB
丹麦克朗	DKK	欧元	EUR
挪威克朗	NOK	马来西亚林吉特	MYR

二、外币兑换的计算方法

1. 外币兑换及兑换率的概念

(1) 外币兑换

外币兑换是指用外国（所在国）的货币兑换所在国（外国）的货币。

(2) 兑换率

兑换率是指两种不同货币兑换时的比价。

2. 酒店外币兑换率（牌价）及兑换公式

酒店的外币兑换率根据银行的汇率而浮动，在我国由中国银行统一规定。银行每日在规定的时间向酒店公布买入外汇的牌价。

酒店的外币兑换公式为：

$$\text{本国货币金额}=\text{兑换率}\times\text{外国货币金额}$$

例如，美元与人民币兑换率为“美元 100：677.75 人民币”，若宾客想将 200 美元兑换成人民币，则：

$$\frac{677.75}{100}\times200=1355.50\text{（元人民币）}$$

3. 外币兑换水单

外币兑换水单是由银行设计并发放给酒店的用于外币兑换的一种兑换凭证。所有的外币兑换业务都需履行填单手续。外兑换水单应具备以下详细内容：酒店名称、姓名、房号、日期、外币币别、兑换率、金额、兑换总额、宾客签名、经办人签名、顺序号、证件号码，见范例 3-1。

范例 3-1

外币兑换水单
Foreign Exchange Voucher

日期
Date：__________

0123456	××酒店		
姓名 Name ________ 证件号码 Certificate No. ______________		房号 Room No. ________	
外币币别 Foreign Currency	金额 Amount	兑换率 Exchange Rate	兑换总额 Subtotal
总计 Total：			
宾客签名 Guest Signature：		经办人签名 Cashier Signature：	

相关链接

外币兑换水单的管理

外币兑换水单由财务部发给前台兑换点。领取时要进行水单顺序号的登记。在使用时，出现作废的水单须一式三联齐全上交。出纳员负责核对水单号码的连接和水单的使用情况。

三、外币的识别

1. 外币票面的基本结构

各国钞票的票面图案不仅反映了各国的历史、文化和风俗习惯，也充分反映了各国的科学技术发展水平和印刷技术。虽然各国历史、文化和风俗习惯不同，科学技术发展水平参差不齐，表现在票面上的形式和风格也各不一样，但都具备以下几项基本内容。

(1) 货币名称

1) 以“元”称的有中国、美国、日本、朝鲜、新加坡、澳大利亚、加拿大等。

2) 以“法郎”称的有瑞士等。

3) 以“镑”称的有英国、埃及、叙利亚等。

此外，还有以“比索”“卢比”“先令”等称的。

(2) 发行机构

根据不同国家和地区货币发行的有关法律规定，发行钞票的机构各有不同。目前大多数国家的货币是由本国的中央银行发行，但也有由政府指定的专门机构发行的，如新加坡元由新加坡金融管理局发行。发行机构名称通常印在钞票正面的显著位置。

(3) 货币券别

货币券别是指货币票面的金额，也就是面值，它是货币实际代表的价值量。各国钞票的面值大小和种类各不相同，它是由商品流通的客观需要所决定的。世界上大多数国家（地区）的主币，面值从 1 元到 100 元居多，面额分等为 1 元、2 元、5 元、10 元、20 元、50 元、100 元，大小面值相差 100 倍，也有的国家（地区）货币面值相差 500 倍、1000 倍等。

(4) 货币版别

货币版别是指同一面额的货币在版质上的区别，也就是同一面额的货币在票面图案设计、钞票印刷特征和发行时间上的不同，也称版式的不同。不少国家钞票均印有年版，有些还会列月、日表示该钞票发行的年份和日期，但也不完全表明是实际的发行日期，因为有些钞票是很早就已设计印刷而推迟发行的，也有些钞票的某种版式长久不变，版面上的年版日期是指印刷日期。此外，也有的钞票没有印刷年份和日期。

（5）编号

编号可反映某一种钞票的发行数量。钞票编号均采用固定的位数（如 6 位、7 位、8 位或 10 位）。为了循环使用，有的在号码前后加印代表版数的数字或文字，也有通过其他形式表示的。为了防止将两张钞票拼凑成一张，通常印有两组编号，分别列在钞票正面、背面适当的位置。

（6）签字和图章

钞票上的签字和图章表示该国政府或发行机构对所发行的钞票在法律上的认可。签字一般为两个，也有一个或三个的，有些国家早期钞票上的签字是政府首脑逐张亲笔签的，后来均为机印。也有少数国家采用图章形式，如新加坡的钞票上既有签字，也有财政部部长的图章。

（7）图案

作为国家法定货币的钞票既有严肃性又有艺术性。为了美化票面，除了前述各项内容外，各国钞票上还印有充分表现民族文化特点的精美图案，有现代和历史上知名人物的肖像，有代表性的建筑物、风景、动物、植物和各式花纹图案等。

2. 外币鉴别仪常用的鉴别方法

（1）磁性检测

钞票面的磁性油墨是在印刷油墨里按配方加入超细磁颗粒，经过印刷将含有磁性的油墨分布到票面各处，每处的磁性强度都在一定的范围内。鉴别仪中设置有磁敏传感器作为磁性检测器件，当钞票通过磁敏传感器时，鉴别仪就对反馈的磁性脉冲信号强弱、有无进行分析对比，从而判断其真伪。目前绝大多数外币鉴别仪都把磁性检测作为主要鉴别手段之一。

（2）纸质检测

钞票的用纸都是专用纸张，所含有的棉麻成分与普通用纸成分大不一样，鉴别仪对纸张检测主要从光谱入手，设置紫外线、荧光、红外线等传感器，检测钞票纸对光谱的吸收和反射情况。通过对传感器采样值的对比对纸质进行真伪辨别。

（3）特定油墨成分的检测

特定油墨是指为钞票印刷而设计的特殊油墨，如光变油墨、荧光油墨、红外线油墨、磁性油墨等。钞票上的油墨从不同角度看会呈现出不同的颜色，鉴别仪根据光谱在油墨区的吸收和反射情况，对比分析判断纸质的真伪。

（4）安全线检测

安全线是在造纸时埋入纸币中的。钞票中的安全线用高分子聚酯材料制作，其表层除印有相关字符外，还含有丰富的防伪信息。鉴别仪对安全线上的防伪信息有选择地对应设置电容式传感器，对检测出的安全线电容量变化值进行对比分析，确认安全线的真假。

3. 常用外币识别知识

（1）美元（united states dollar）

1）货币符号：＄。

2）钞票面额：纸币有1元、2元、5元（见图3-1）、10元、20元、50元、100元；硬币有1美分、5美分、10美分、25美分、50美分和1美元。

图3-1　新版5美元

3）防伪特征

①安全线。完全埋入式安全线，位于人物肖像右侧，在紫外线下呈蓝色，如图3-2所示。

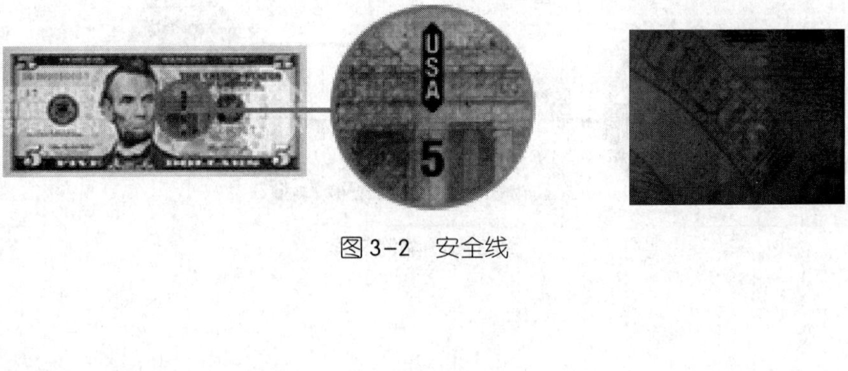

图3-2　安全线

②水印。位于人物肖像左侧是三个较小数字“5”的白水印，位于人物肖像右侧是一个较大数字“5”水印，如图 3-3 所示。

图 3-3　水印

③凸版印刷技术。正面人像及背面林肯纪念馆采用凹版印刷技术，序列号采用凸版印刷技术，如图 3-4 所示。

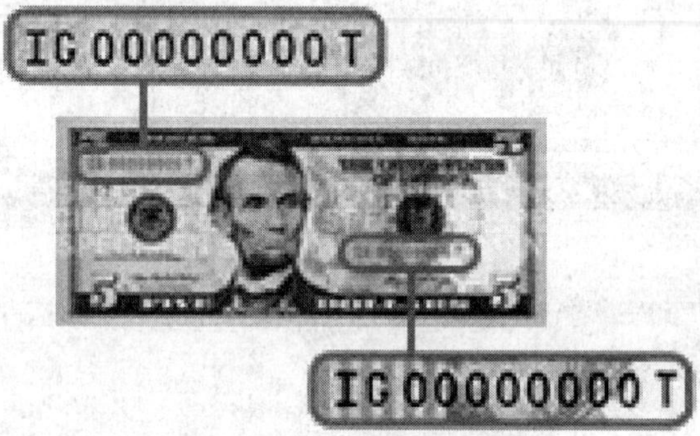

图 3-4　凸版印刷

④缩微文字。体现在钞票左右两端花边处、库印左边及背面紫色面额数字“5”内，如图 3-5 所示。

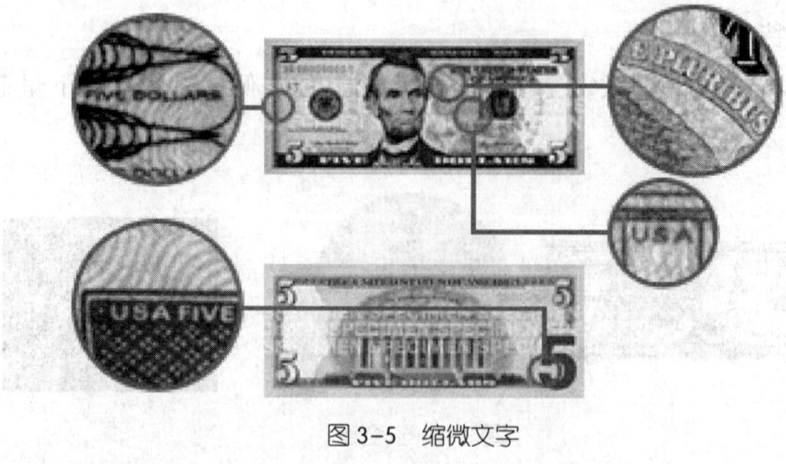

图 3-5　缩微文字

⑤彩虹印刷。票面两端呈灰色，中间呈淡紫色，如图 3-6 所示。

图 3-6 彩虹印刷

（2）港币（Hong Kong dollar）

1）货币符号：HK $ 。

2）钞票面额：纸币有 10 元（见图 3-7）、20 元、50 元、500 元和 1000 元；硬币有 1 毫、2 毫、5 毫和 1 元、2 元、5 元和 10 元。

图 3-7 2007 年版 10 元港币

3）防伪特征

①荧光面额数字（见图 3-8）。

图 3-8　荧光面额数字

②水印（见图 3-9）。

③缩微文字（见图 3-10）。

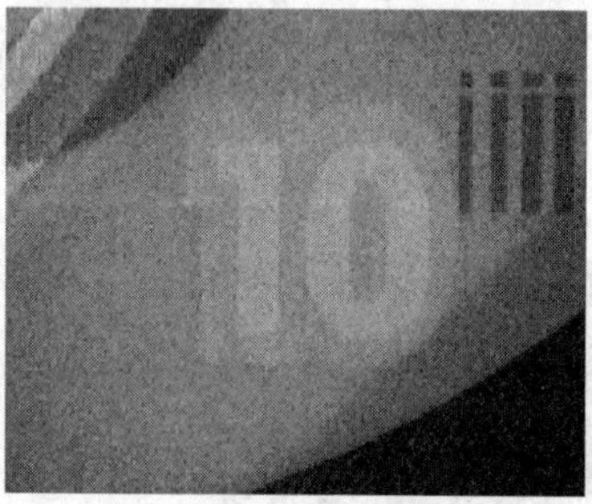

图 3-9　水印

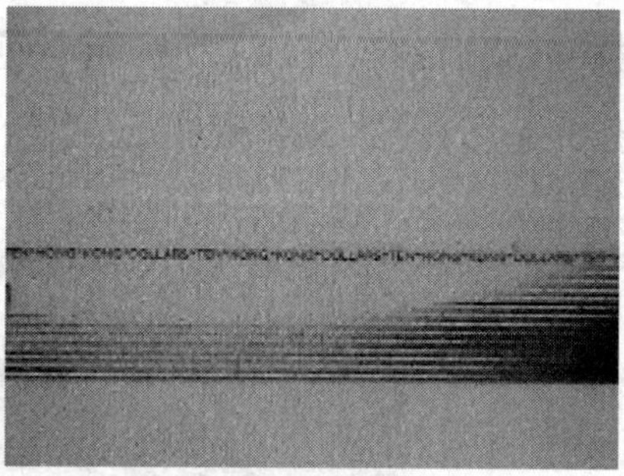

图 3-10　缩微文字

④序列号（见图 3-11）。

⑤隐形面额数字（见图 3-12）。

图 3-11　序列号

图 3-12　隐形面额数字

⑥对印图案（见图 3-13）。

⑦透明窗（见图 3-14）。

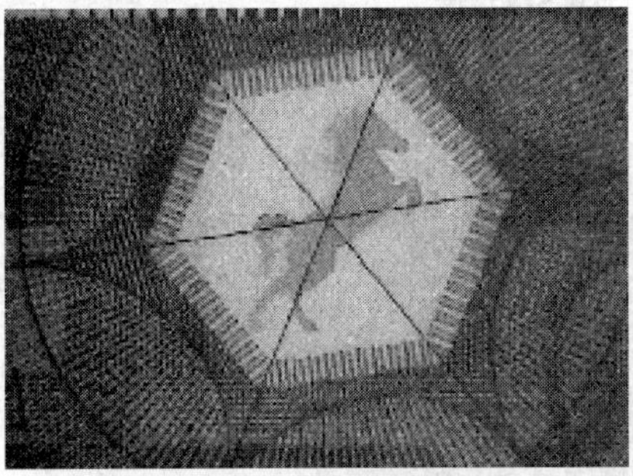

图 3-13 对印图案

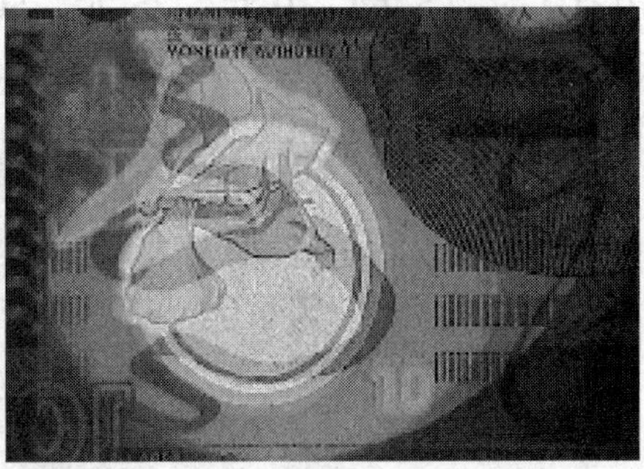

图 3-14 透明窗

⑧红外保护（见图 3-15）。

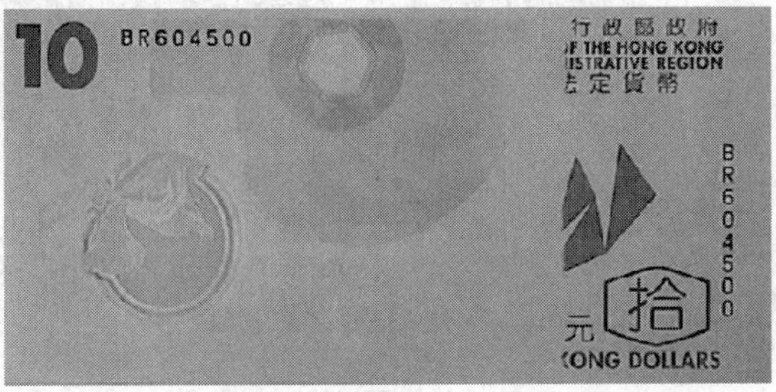

图 3-15 红外保护

⑨珠光油墨（见图 3-16）。倾斜角度观察，透明窗口上丝带图案会由粉红色变为紫色。

⑩凹版印刷（见图 3-17）。

图 3-16 珠光油墨

图 3-17 凹版印刷

（3）日元（Japanese Yen）

1）货币符号：J￥。

2）钞票面额：纸币有 1000 元、2000 元、5000 元和 10 000 元（见图 3-18）；

硬币有 1 元、5 元、10 元、25 元、50 元、100 元和 500 元。

（正面）

（背面）

图 3–18　10 000 日元

3）防伪特征

①油墨。采用防复印油墨，大写面额及人物肖像所用油墨带有磁性。

②印刷技术。底纹及人物肖像采用超细线重叠印刷技术，难以仿制。人物肖像采用凹版印刷技术印制而成，神态自然逼真。大写面额采用深凹版印刷技术，眼观有漆质的感觉，手触摸有明显的凹凸感。

③水印。主水印为多色调，人物肖像图案迎光透视非常清晰，层次丰富。副水印在钞票正面左下方，为白水印，有明显的凹凸感，作为盲人触摸标记。

④深凹版印刷。钞票正面中文大写面额及左、右下方的三个小圆点采用深凹版印刷技术，眼观有漆质的感觉，手触摸有十分明显的凹凸感。凹凸的圆点代替副水印，为盲人触摸标记。

⑤变色油墨。右上角面额数字，正视为绿色，斜视为紫色。

⑥反光油墨。晃动观察，在钞票正面左右两侧可见粉红色光带，由珠光油墨印刷。

⑦红外线油墨。在红外线下，钞票正反面部分图案不可见，变化相当显著。

⑧荧光油墨。在紫外线下，除“总裁之印”呈红色外，钞票左上及右下花纹、图案中蓝色部分会变为绿色。

⑨隐形文字（以 2000 元为例）。正面左下角椭圆形图案中，侧视旋转钞票可见白色或黑色 2000 面额数字。背面右上方 2000 数字的下方，倾斜钞票可看到“NIPPON”字样，而且前三个字母与后三个字母颜色（黑、白、浅）不同。

操作技能

外币现钞的兑换

一、工作准备

1. 熟悉当天各种外币的汇率。
2. 准备好足够的外币兑换水单和备用金等，用于兑换外币。
3. 检查验钞、点钞设施设备（见图 3–19），保证其可正常使用。

图 3–19　点钞机和验钞机

二、工作程序

外币现钞兑换的工作程序和工作标准如下。

工作程序	工作标准
1. 问候宾客	面带微笑向宾客致意：“早上好/中午好/晚上好，欢迎光临！”如知道宾客姓名，应用姓名称呼宾客：“××先生/女士好！”进行完问候，应通过询问了解宾客需求

续表

工作程序	工作标准
2. 了解宾客兑换要求	（1）问清宾客需兑换的币种和金额 （2）告知宾客当天的汇率
3. 核对宾客证件	礼貌地请宾客出示房卡，确认是住店宾客后，礼貌地将房卡还给宾客
4. 验收兑换的外币	（1）清点、唱收宾客需兑换的外币种类和金额 （2）检查外币是否属于现行可兑换的外币种类 （3）使用外币验钞机鉴别钞票真伪
5. 填写兑换水单	（1）完整、准确地填写宾客姓名、房号、证件号码、外币名称、金额、汇率及应兑金额 （2）准确换算 （3）礼貌地请宾客在外币兑换水单上签名
6. 交宾客兑付款	（1）唱付应兑给宾客的款额 （2）将外币兑换水单宾客留存联交宾客，并请其保管好水单
7. 向宾客道别	感谢宾客，预祝宾客在酒店入住愉快
8. 交款	班次结束时，将外币和外币兑换水单汇总，并交酒店财务部

特别提示

酒店外币兑换业务只为住店宾客服务，需请宾客出示有效证件，核查证件上的照片是否为宾客本人。

外币兑换见范例3–2。

范例3–2

外币兑换

服务员：早上好，欢迎光临！我能为您做些什么？

宾客：你好，能帮我换些美元吗？

服务员：先生，请出示一下您的房卡（请问您的房号）。

宾客：给你。我想将这 500 美元兑换成人民币可以吗？

服务员：没问题。

宾客：今天的汇率是多少？

服务员：今天美元的汇率是 100 美元换 677.75 元人民币。（填写外币兑换水单）先生，请出示一下您的护照。

宾客：好的。

服务员：我收您 500 美元。谢谢！（将宾客的护照号码填在外币兑换水单相应栏内）请收好证件。

宾客：谢谢。

服务员：先生，请您在外币兑换水单上签个名。

宾客：好的。

服务员：（接过宾客签好字的外币兑换水单）谢谢，先生，今天美元的汇率是 100 美元换 677.75 元人民币，您换 500 美元就是 3388.75 元人民币。先生，请您清点一下并保存好外币兑换水单，如果您在离开中国时没花掉所换的人民币，还可以凭此单换回相应的美元。

宾客：没问题，非常感谢！

服务员：很乐意为您服务，祝您在我们酒店过得愉快！

三、注意事项

1. 酒店应只为住店宾客办理外币兑换业务。

2. 应按照银行所提供的当天外币牌价及时进行调整，保证牌价的准确性。

3. 外币兑换手续应完善，服务应热情、礼貌、细心。

4. 外币兑换员应懂得辨别外币的真伪。

5. 如宾客使用新版外币或从未兑换过的外币，应婉言谢绝宾客。

6. 若发现伪钞，应礼貌地向宾客解释，同时留下伪钞交送中国银行。宾客如有疑问，应请宾客到中国银行或外币管理局询问或投诉。

7. 外币兑换水单要连号使用，作废的水单应联数完整（一式三联）登记上交。

8. 服务员严禁私下兑换外币。

9. 收受现金时注意不得有破损、涂鸦等，不收受硬币和外币找零。

案例 3-1

换钱的真正动机

某日晚 7 时，一位穿着体面的 35 岁左右的男子，一边打着电话一边走向某酒店总台收银处，掏出一沓 50 元面额的现金（共计 5000 元）递给一位新来不久的前厅服务员，说要换整。前厅服务员询问男子住在哪个房间，男子一边回答是在等朋友来订房的，一边对着电话说："快一点儿，我在大堂等你吧……"服务员清点了递来的现金 5000 元整，于是点出 100 元面额的 5000 元交给该男子。男子把电话架在脖子上，边打电话边清点，突然对这位服务员说："你怎么给我换钱，我是要付定金的。"他把钱又递给服务员。当服务员接到钱后，该男子关掉了电话，又改口说："算了，等朋友来了让他付，你把我前面给你的钱还给我……"因为此时较忙，服务员拿出此人刚才付的 5000 元交给了他，接着急忙给别的宾客结账。收银员随后清点刚才的现金后，发现少了 1000 元，此时那位男子早已不见踪影……

［**评析**］作为酒店的前厅服务员，在为宾客提供周到服务的同时，要时刻有安全意识，对宾客提出的一些非常规服务要有敏锐的观察力和判断力。另外，对于现金的进出，必须严格按照即收即点清的要求执行。

学习单元 2　外币旅行支票的兑换

一、外币旅行支票的种类

1. 外币旅行支票的概念

外币旅行支票是指境内商业银行代售的，由境外银行或专门金融机构印制，以发行机构作为最终付款人，以可自由兑换货币作为计价结算货币，有固定面额的票据。境内居民在购买时须本人在支票上签名，兑换时只需再次签名即可。

旅行支票是一种有价证券，也称汇款凭证，通常由银行、旅行社为便利国内外旅行者而发行。旅行者在国外可按规定的手续，在规定的兑换点兑取现金或支付费用。

2. 外币旅行支票的特点

（1）旅行支票有现金的功用，但票面金额固定且有多种固定面额，携带方便。旅行支票可像钞票一样在世界各地的银行、酒店等机构使用。

（2）旅行支票即使丢失也不用担心，只要凭护照和购买合约去指定机构办理挂失手续，即可得到新的旅行支票。

（3）旅行支票的购买和使用的手续费低廉，在一些国家甚至是免费的。

（4）旅行支票的使用不像信用卡受到通信状况制约。

（5）旅行支票具有多币种选择的特点，避免了兑换产生的汇率损失。

3. 外币旅行支票兑换公式

$$\frac{\text{本国货币}}{\text{外国货币}}\times\text{外国货币数额}\,(1-7.5‰)$$

例如，美元旅行支票的兑换率为美元 100：682. 23 人民币，若宾客想兑换 200 美元支票，可兑换如下数额的人民币。

$$\frac{682.23}{100}\times 200\,(1-7.5‰) = 1354.23\,(\text{元人民币})$$

4. 常见的外币旅行支票

（1）美国运通公司发行的运通旅行支票。

（2）VISA 国际组织成员银行发行的 VISA 旅行支票，主要币种为美元、日元、加拿大元、澳大利亚元、港币、欧元、英镑、瑞士法郎。

（3）通济隆公司发行的 THOMAS COOK 旅行支票，主要币种为美元、日元、欧元、英镑。

（4）万事达卡国际组织成员银行发行的 MASTERCARD 旅行支票。

（5）美国花旗银行发行的 CITICORP 美元旅行支票。

（6）日本住友银行发行的日元和美元旅行支票。

相关链接

美国运通旅行支票

1891 年 4 月 25 日，美国运通公司发行了全球第一张旅行支票。如今，在全世界使用旅行支票的宾客中，绝大多数使用美国运通旅行支票，使美国运通成为全球最大的旅行支票发行公司。

美国运通公司目前在本地发行有美元、欧元、澳元、加元、日元和英镑 6 种币别及 23 种面额的旅行支票供宾客选择。

币别	面额				
美元		50	100		500
欧元		50	100	200	500
澳元	20	50	100	200	
加元	20	50	100		500
日元			10 000	20 000	50 000
英镑	20	50	100	200	500

二、外币旅行支票样本

1. 美国运通旅行支票样本（见图 3-20）

图 3-20　美国运通旅行支票样本

2. 英国旅行支票样本（见图 3-21）

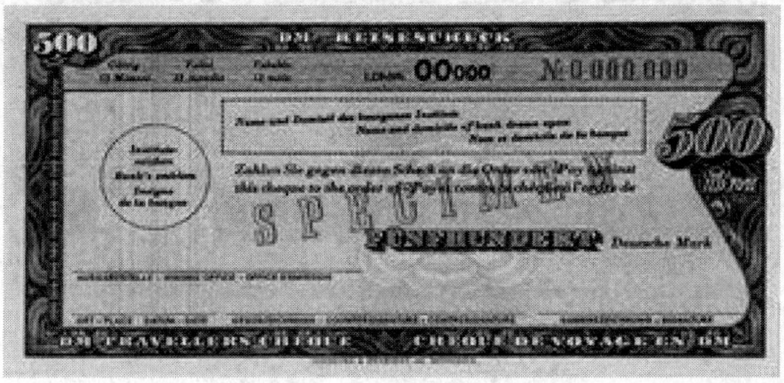

图 3-21　英国旅行支票样本

3. 东京银行旅行支票样本（见图 3-22）

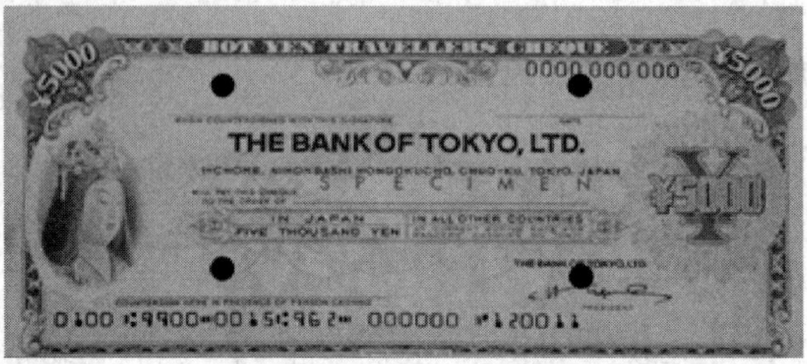

图 3-22　东京银行旅行支票样本

4. 中国银行旅行支票样本（见图 3-23）

图 3-23　中国银行旅行支票样本

5. VISA 旅行支票样本（见图 3-24）

图 3-24　VISA 旅行支票样本

操作技能

外币旅行支票的兑换

一、工作准备

1. 熟悉当天各种外币旅行支票的汇率。
2. 准备好足够的外币兑换水单和备用金等，用于兑换旅行支票。
3. 检查验钞、点钞设施设备，保证其可正常使用。

二、工作程序

外币旅行支票兑换的工作程序和工作标准如下。

工作程序	工作标准
1. 问候宾客	面带微笑向宾客致意："早上好/中午好/晚上好，欢迎光临！"如知道宾客姓名，应用姓名称呼宾客："××先生/女士好！"进行完问候，应通过询问了解宾客需求
2. 了解宾客兑换要求	（1）问清宾客需兑换的支票种类和金额 （2）告知宾客当天的汇率
3. 核对宾客证件	礼貌地请宾客出示房卡，确认是住店宾客后，礼貌地将房卡还给宾客
4. 验收兑换的支票	（1）检查旅行支票是否属于现行可兑换或使用之列，有无区域、时间限制 （2）请宾客当面在需兑换的旅行支票背面进行复签，检查复签与初签是否相符 （3）清点、唱收宾客需兑换支票的数额
5. 填写兑换水单	（1）完整、准确地填写宾客姓名、房号、证件号码、支票名称、金额、汇率、贴息、支票号码及应兑金额 （2）准确换算 （3）礼貌地请宾客在兑换水单上签名
6. 交宾客兑付款	（1）唱付应兑给宾客的款额 （2）将兑换水单宾客留存联交宾客，并告知其保管好水单
7. 向宾客道别	感谢宾客，预祝宾客在酒店入住愉快
8. 上交旅行支票	班次结束时，将旅行支票和水单汇总，并交酒店财务部

特别提示

在收兑旅行支票时，要请宾客出示有效证件，核查证件上的相片是否为宾客本人，再查看支票上的签名是否与证件上的签名一致。

外币旅行支票兑换见范例 3-3。

范例 3-3

外币旅行支票兑换

服务员：早上好，欢迎光临！我能为您做些什么？

宾客：你好，能帮我换些钱吗？

服务员：先生，请出示一下您的房卡（请问您的房号）。

宾客：给你。给我换 500 美元旅行支票好吗？

服务员：没问题。请您在支票背面签名栏签名。

宾客：今天的汇率是多少？

服务员：今天美元旅行支票的汇率是 100 美元换 682.23 元人民币。（接过宾客的支票）我收您 500 美元支票，（检查可否兑换和宾客复签）先生，请出示一下您的护照（填写兑换水单）。

宾客：给你。

服务员：谢谢！（核对签名是否与护照签名一致，将宾客的护照号码填在水单相应栏内）请收好证件。

宾客：谢谢。

服务员：先生，请您在水单上签个名。

宾客：好的。

服务员：（接过宾客签好字的水单）谢谢，先生，今天美元汇率是 100 美元换 682.23 元人民币，您换 500 美元就是 3411.15 元人民币，再扣除 7.5‰的贴息，应换给您 3385.57 元人民币。先生，请您清点一下并保存好兑换水单。

宾客：没问题，非常感谢！

服务员：很乐意为您服务，祝您在我们酒店过得愉快！

三、注意事项

1. 酒店应只为住店宾客办理外币旅行支票兑换业务。

2. 应按照银行所提供的当天兑换牌价及时进行调整，保证牌价的准确性。

3. 外币旅行支票兑换手续应完善，服务应热情、礼貌、细心。

4. 外币兑换员应能识别可收兑的旅行支票。

5. 若发现有问题的支票，应礼貌向宾客解释，同时留下问题支票交送中国银行。宾客如有疑问，应请宾客到中国银行或外币管理局询问或投诉。

6. 外币兑换水单要连号使用，作废的水单应联数完整（一式三联）并登记上交。

培训课程 2 贵重物品保管

贵重物品寄存服务是酒店为住店宾客提供的一项免费服务。目前大部分酒店虽然在客房里都配有小的保险箱，但根据国家酒店星级评定的要求，酒店仍必须在前台设置贵重物品寄存间。宾客在办理入住登记手续时，酒店有责任提示宾客将贵重物品寄存在贵重物品寄存间，以保证宾客财物的安全。

学习单元 1 贵重物品的寄存

一、贵重物品寄存管理规定

1. 贵重物品保险箱的配备

按照国家星级酒店的评定要求，酒店要在前台配置一定数量的保险箱，为宾客提供贵重物品免费寄存服务。酒店通常会在总台收银处后面或旁边设立贵重物品寄存间放置保险箱。保险箱的数量一般按酒店客房数的15%～20%来配备。保险箱的规格有大、中、小三种。有的酒店还在客房内为宾客配备了小型保险箱。

2. 贵重物品寄存管理规定

（1）酒店贵重物品保险箱只提供给住店宾客免费使用。

（2）定期检查贵重物品保险箱是否处于良好的工作状态。

（3）为宾客开启保险箱时，须清楚、准确地填写“贵重物品寄存单”上所列的各项内容。

（4）两位宾客同时启用保险箱时，应请两位宾客共同在“贵重物品寄存单”

上签名。

（5）保险箱分钥匙需放在指定的地方保管好（见图 3-25）。

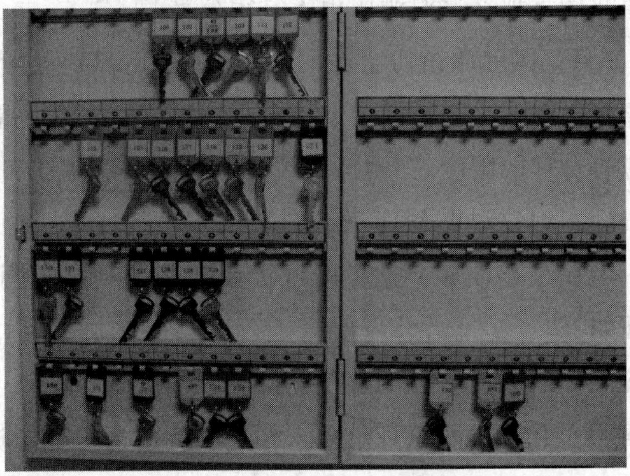

图 3-25　保险箱钥匙存放盒（柜）

（6）保险箱总钥匙需由专人保管，每个班次都要做好交接记录。

（7）勿让互不相识的宾客同时进入贵重物品寄存间。

（8）服务员不可私自使用保险箱。

（9）宾客填写好的“贵重物品寄存单”要科学、安全地排列，以方便拿取。

（10）出现遗失保险箱钥匙或发现丢失贵重物品等特殊情况，需立即通知相关管理人员，以便及时处理。

二、贵重物品的保管

1. 贵重物品保险箱钥匙遗失的处理

（1）宾客报失贵重物品保险箱钥匙，请宾客在“贵重物品寄存单”的背面注明钥匙遗失并签字确认，由相关经理签字认可。

（2）宾客要求破箱取物时，宾客应按酒店制定的有关贵重物品保险箱钥匙遗失的赔偿方案赔付。

（3）破保险箱时，应有大堂经理、安全部人员等在场，由工程部人员开箱。破箱后由各部门人员签字、备案。

2. 宾客贵重物品丢失的处理

虽然酒店在对宾客贵重物品寄存业务上采取了相关的管理措施，但都不能保证住店宾客的贵重物品万无一失。按照国际惯例和有关法律，酒店有责任保护住店宾客的人身和财产安全。如果宾客在前台寄存的贵重物品遗失或被盗，酒店负有赔偿责任。但贵重物品一般都价值较高，有时甚至难以准确估价，如果酒店只按宾客所说的价值赔偿，那么这对酒店也不是很公平。

1981 年 11 月 2 日，国际旅馆协会在尼泊尔的加德满都通过的《国际旅馆法》中，对酒店遗失宾客贵重物品赔偿的规定指出："如果客人及时得到报告，酒店对贵重物品的赔偿应有合理的限度。"也就是说，酒店对宾客遗失的贵重物品在一定条件下负有赔偿责任，但这种赔偿应当有合理的限度。所以，酒店对宾客贵重物品的赔偿可确定一个最高赔偿额，这样既维护了宾客的利益，同时也维护了酒店的利益。具体处理如下。

（1）酒店确定对宾客贵重物品的赔偿条件和限额。

（2）将对宾客贵重物品的赔偿规定列入相关制度，让宾客知晓。

特别提示

1. 酒店须在"贵重物品寄存单"或有关制度中明确有关遗失贵重物品保险箱钥匙的赔偿规定和赔偿价格。

2. 服务员在为宾客办理贵重物品寄存业务时，须向宾客提示有关遗失贵重物品保险箱钥匙的赔偿规定。

案例 3-2

旅行团贵重物品寄存问题

某旅行团入住某酒店，在前台寄存物品时，该旅行团导游依惯例负责全团人员物品的统一寄存。几日后该团某游客在酒店领取寄存物品时，发现其寄存的一贵重物品丢失，随即向酒店索赔。酒店称该物品寄存时未作特别声明，酒店就该项主张有旅行团导游统一寄存物品凭据为证，酒店为无偿保管，没有重大过失，本不应承担任何赔偿责任，最多按照一般物品予以赔偿。该游客又向导游索赔，导游则认为，按照惯例，导游代宾客寄存贵重物品于前台时，贵重物品的所有人通常都会单独向导游声明，故若无宾客的特别声明，导游在代全团游客寄存物品时，不会而且也不可能在统一寄存时向酒店进行特别声明，因而自己无过失，不应当承担赔偿责任。该游客认为，统一寄存物品凭据上虽没有声明其中有贵重物品，但该凭据上只有导游签名而没有其本人签章，导游在寄存时并未向其说明应声明寄存物中的贵重物品，故该凭据对自己没有约束力，不应由自己承担该物品丢失所造成的损失。纠纷遂起。

[评析] 本案为贵重物品寄存的问题，涉及《中华人民共和国民法典》（以下简称《民法典》）中有关保管合同和表见代理的规定。那么，该贵重物品丢失的损失究竟应由谁来承担呢？

首先，依据《民法典》规定，保管确有有偿与无偿之分，这两类合同所要求的保管人的注意程度是不同的。有偿保管人义务更重，保管物毁损、灭失时不能像无偿保管人那样基于自己无重大过失而主张免责。本案中的保管属于发生在商业经营类场所中的保管，在这类场所中，保管人营业所得的利润已包含了替客人保存物品而应由客人支付的费用，保管实质上并非无偿。因此，律师认为，酒店作为保管人不能基于自己无重大过失而主张免责。

其次，本案中寄存物的所有人为游客，但寄存凭据上是导游的签名而非游客的签章。律师认为，游客其实并未授权导游不在该凭据上声明含贵重物品，但依照惯例和当时的具体情形，酒店作为相对人，有理由相信在寄存凭据上签字的行为人——导游有代理权，该代理行为有效。

再次，由于货币、有价证券或者其他贵重物品价值重大，保管人须有高度谨慎的注意义务。如在保管人事先未知晓寄存人之声明的情形下保管物毁损、灭失，保管人可以只按一般物品（这里赔偿标准为“一般物品”标准，即依保管物的外观、按社会一般人的认识标准所能确认的价值）予以赔偿，另一部分损失由寄存人自己承担。从本案来看，寄存物品时酒店的确无从知晓该物为贵重物品。因此，律师认为，就贵重物品丢失的损失，酒店应按一般物品予以赔偿。

最后，按照上述分析，游客作为保管合同的寄存人，应当就该丢失贵重物品的剩余部分价值自行承担责任。但是，本案中还有一个细节需要注意，即导游在统一代为游客寄存物品时并未向游客说明应声明寄存物中的贵重物品。从这个细节可以看出未在寄存凭据上声明贵重物品的原因有二，一方面是由于游客自身不够谨慎；另一方面导游在代理行为中未告知游客该声明义务，导游亦存在主观过错，属于《民法典》第九百二十九条规定的“超越权限造成委托人损失”的情形。故律师认为，由于双方都有过错，应当由导游和游客就该丢失贵重物品剩余部分价值的弥补进行合理分担。

综上，就该贵重物品的丢失，应由本案三方当事人分担责任。律师建议，酒店应尽量避免由导游依惯例代旅行团团员统一寄存物品，应让游客自行就物品的寄存直接同酒店订立保管合同。

操作技能

贵重物品寄存

一、工作准备

1. 检查贵重物品保险箱可正常使用。
2. 准备好贵重物品寄存卡（见范例3-4）、笔。
3. 检查贵重物品保险箱钥匙是否放在指定的地方。
4. 保持贵重物品寄存间的清洁。

范例3-4

贵重物品寄存卡　　（正面）

酒店名称

兹收到保险箱钥匙__________号，并同时声明一切放入保险箱的物品价值不超过人民币××元。

I acknowledge receipt of key to safe deposit Box No. ______, and I declare that the total value of the Property to the put into the safe deposit box does not exceed RMB××.

使用保险箱要根据下列条例：

The use of the safe deposit box is subject to the following conditions:

姓名　　房号　　日期

Name: ______________　Room No. ______________　Date: ______________

条例：1. 保险箱只提供给本酒店宾客免费使用。

2. 如遗失或不能交回钥匙时，本人将会付人民币××元。

3. 若退房后××天不能交回此保险箱钥匙，本人授权酒店撬开此保险箱且不负任何责任。

宾客签名

Guest Signature: ______________________________

<table>
<tr><td colspan="5">保险箱使用签名核对联 （背面）
Safe deposit identification card</td></tr>
<tr><td>宾客签名
Guest Signature</td><td>日期
Date</td><td>时间
Time</td><td>宾客取回钥匙
Key Return to Guest</td><td>经办人
Handled by</td></tr>
<tr><td></td><td></td><td></td><td></td><td></td></tr>
<tr><td></td><td></td><td></td><td></td><td></td></tr>
<tr><td></td><td></td><td></td><td></td><td></td></tr>
<tr><td></td><td></td><td></td><td></td><td></td></tr>
<tr><td colspan="5">取回本人存放于××酒店保险箱内所有物品。
I hereby acknowledge that all property stored in the safe deposit box hero by ×× hotel.
宾客签名
Guest Signature：____________
日期 经办人
Date：____________ Handle by：____________</td></tr>
</table>

二、工作程序

贵重物品寄存的工作程序和工作标准如下。

工作程序	工作标准
1. 问候宾客	（1）“早上好/中午好/晚上好，欢迎光临！” （2）如知道宾客姓名，用姓名称呼宾客：“××先生/女士好！” （3）了解宾客需求
2. 确认宾客身份	请宾客出示房卡和钥匙，证明是住店宾客
3. 介绍保管须知	（1）介绍酒店可保管贵重物品的最高金额价值 （2）介绍不宜寄存的物品 （3）介绍保管的期限
4. 办理寄存手续	（1）请宾客填写“贵重物品寄存卡” （2）选择适当的保险箱 （3）检查宾客填写的寄存卡，保证内容完整、准确 （4）将选择的箱号填写在“贵重物品寄存卡”相应的栏目中 （5）请宾客在贵重物品寄存卡签名栏签名

续表

工作程序	工作标准
5. 开启保险箱	（1）取出总钥匙和保险箱分钥匙 （2）将两把钥匙插进锁孔，打开保险箱
6. 存放贵重物品	（1）将保险箱内盒取出 （2）请宾客自己将贵重物品放入保险箱内盒里 （3）将内盒放回保险箱，锁上保险箱
7. 交宾客钥匙	（1）将宾客保管的钥匙交给宾客 （2）告知宾客将钥匙保管好，如丢失，需按酒店规定赔偿
8. 向宾客道别	感谢宾客，预祝宾客在酒店入住愉快
9. 存放好钥匙和寄存卡	（1）将贵重物品总钥匙放在指定位置保存好 （2）将填写好的寄存卡按酒店要求存放在指定位置

贵重物品寄存见范例 3-5。

范例 3-5

贵重物品寄存

服务员：早上好，欢迎光临！我能为您做些什么？

宾客：你好，我想寄存贵重物品。

服务员：好的，请问您的房号和姓名。（请出示您的房卡）

宾客：1508 房，张琳。

服务员：（与房态核对是否为住店宾客）张小姐请这边走。（引领宾客去贵重物品寄存间）

宾客：谢谢。

服务员：张小姐，请您填写“贵重物品寄存卡”。

宾客：好的。

服务员：（接过宾客填写的卡）谢谢，张小姐。（将选好的保险箱打开，取出保险箱内盒递给宾客）请您将物品放进去。（将选用的箱号填写在寄存卡相应栏内）

宾客：谢谢。

服务员：张小姐，您使用的保险箱号为 98 号，请您在这（寄存卡宾客签名栏）签个名。

（宾客签名）

服务员：这是您的保险箱钥匙 98 号，请保管好。按照本酒店的规定，如不小心遗失钥匙需要赔付××元人民币。

宾客：谢谢。

服务员：不客气，祝您在本酒店过得愉快。

三、注意事项

1. 寄存前一定要核对宾客身份，确保使用贵重物品保险箱的为住店宾客。

2. 宾客存放物品时，不要窥视宾客存放的物品。

3. 两位宾客同时启用一个保险箱时，必须都签名确认。

4. 如果宾客寄存大数额现钞或散放的物品，酒店应提供专用信袋，请宾客将物品放入袋中后封口，并在封口处签名，再存放在保险箱内。

学习单元 2　贵重物品的提取

贵重物品提取的规定如下。

1. 中途存入、拿取贵重物品，只能由开启保险箱的宾客亲自办理，不得由别人替代。

2. 宾客每一次存取贵重物品，必须请其在寄存卡上签名，经确认无误后，才能开箱让宾客存取物品。

3. 每一次开箱后，经办人必须在寄存卡相应栏目填写拿取日期、时间并签名。

4. 宾客取消使用保险箱时，须在“取回本人存放于××酒店保险箱内所有物品”栏处的宾客签名栏内签字认可。

5. 宾客取消使用保险箱后，“贵重物品寄存卡”在酒店至少要保存 6 个月，以便事后查询。

操作技能

贵重物品提取

一、工作准备

1. 检查贵重物品保险箱使用的有效性。
2. 准备好已填写的贵重物品寄存卡、笔。
3. 检查贵重物品保险箱钥匙是否放在指定的地方。
4. 保持贵重物品寄存间的清洁，如图 3–26 所示。

图 3–26　贵重物品寄存间

二、工作程序

贵重物品提取的工作程序和工作标准如下。

工作程序	工作标准
1. 问候宾客	（1）“早上好/中午好/晚上好，欢迎光临!” （2）如知道宾客姓名，用姓名称呼宾客：“××先生/女士好!” （3）了解宾客需求
2. 检查确认	（1）请宾客出示贵重物品保险箱钥匙 （2）根据箱号检索出宾客的贵重物品寄存卡 （3）请宾客在寄存卡背面签名 （4）核对签名是否与原签字一样

续表

工作程序	工作标准
3. 开箱存取物品	（1）取出开箱总钥匙 （2）用总钥匙和宾客交回的钥匙打开保险箱 （3）将保险箱内存放盒取出，交给宾客存取物品 （4）将内盒放回保险箱，锁上保险箱
4. 交宾客钥匙	（1）将保险箱的钥匙交给宾客 （2）提示宾客保管好钥匙
5. 向宾客道别	感谢宾客，预祝宾客在酒店入住愉快
6. 存放好钥匙和寄存卡	（1）将贵重物品总钥匙放在指定位置保存好 （2）将开箱存取物品的具体时间、日期填写在寄存卡相应的栏目 （3）按酒店要求将寄存卡存放在指定位置

贵重物品提取见范例3-6，取消使用贵重物品保险箱见范例3-7。

范例3-6

贵重物品提取

服务员：早上好，欢迎光临！我能为您做些什么？

宾客：你好，我想取物品。

服务员：好的，小姐。请您出示贵重物品保险箱钥匙。

宾客：给你。

服务员：谢谢。小姐，请稍等！（按钥匙号取出寄存卡）小姐，请您在卡的背面签个名。

宾客：好的。

服务员：（接过寄存卡）谢谢。（经核对无误，将保险箱打开，取出保险箱内盒递给宾客）小姐请。

宾客：谢谢。

服务员：（宾客存、取好物品后）小姐，这是您的保险箱钥匙98号，请保管好。

宾客：谢谢。

服务员：不客气，祝您在本酒店过得愉快！

范例 3-7

取消使用贵重物品保险箱

服务员：早上好，欢迎光临！我能为您做些什么？

宾客：你好，我要取物。

服务员：好的，小姐。请您出示贵重物品保险箱钥匙。

宾客：给你。

服务员：谢谢。小姐，请稍等！（按钥匙号取出寄存卡）请您在卡的背面签个名。

宾客：好的。

服务员：（接过寄存卡）谢谢。（经核对无误，将保险箱打开，取出保险箱内盒递给宾客）小姐请。

宾客：谢谢。

服务员：（看宾客将贵重物品全部取走）小姐，您是要取消使用保险箱了是吗？

宾客：是的。

服务员：那请您在此栏上签字确认一下好吗？（示意宾客在取消声明栏内签名）

宾客：好的。

服务员：谢谢您！欢迎您随时使用保险箱！

三、注意事项

1. 宾客存入、拿取贵重物品时切忌窥视，等宾客完成存取将内盒盖好后，再靠近宾客处理有关事宜。

2. 将内盒放入保险箱时，最好让宾客看到你的行动。

3. 宾客取消使用保险箱时，在宾客从箱内取走物品的同时，应请宾客再次查看一下内盒，以证实物品全部取走，防止有遗留物品。

培训课程 3

宾客留言

宾客留言在酒店对客服务中是很常规的一项服务，能够正确、及时处理好宾客留言，既帮助宾客传递了信息，又不影响宾客的活动安排，这对酒店来说是非常重要的。

学习单元 1 住客留言的处理

一、留言服务的种类

前厅部受理的宾客留言通常有电话留言、口头留言和书面留言三种类型。按照留言的对象又分为住客留言和访客留言两种类型。

二、住客留言

住客留言是指住店宾客给来访宾客的留言。一般是住店宾客需暂时离开客房或酒店时，希望酒店帮助留言给来访者。

1. 住客留言单

当住店宾客提出要留言时，经办人需请宾客填写“住客留言单”（见范例 3-8）或帮助宾客填写留言单。留言单一式两联，一联放在总台问讯处，一联送电话总机。总台问讯处或电话总机在接到来访者电话或接待来访宾客时，经接待员核实，就会立即按住店宾客的要求将留言单交给来访宾客或将留言的内容告知来电者。

范例 3-8

住客留言单

日期

Date：

致 To：________	来自 From：________
房号 Room No.：________	
从　　　　上午/下午 From：______ AM/PM	至　　　　上午/下午 To：______ AM/PM
我将在 I will be	□酒店内（Inside the hotel） 在（at）
□大堂吧 Lobby Bar：	□宴会厅 Banquet Hall
□咖啡厅 Coffee Shop	□行政酒廊 Executive Corridor
□其他 Others：________	
我将于××时间回店 I will be back at time：________	
电话（Tel.）________	
留言 Message：________	
经办人 Clerk：______	宾客签名 Guest Signature：________

2. 住客留言服务的要求

（1）宾客当面提出留言服务时，请宾客填写“住客留言单”。

（2）宾客来电提出留言服务时，一定要复述宾客的留言内容及要求。

（3）准确记录宾客留言内容和要求，防止差错。

（4）不得将宾客的留言信息泄露给无关人员。

（5）及时取消超过时限的留言。

相关链接

客人去向留言服务要求

1. 去向留言服务是提供给客人的，帮助来访者或来电者找到他的留言服务。

2. 如客人留下的去向在宾馆内，可由行李员举牌寻找或将电话转去相应的部门问询。

3. 计算机将在留言有效期到期后自动取消有关客人去向的留言，同时，每天晚上12点计算机将会自动删除所有未取消的留言记录。

4. 计算机不能自动删除已退房的客人去向留言。

5. 如果客人的去向留言有效期超过一天，应做好交接记录并在交班本上注明，由通宵班重新输入计算机。

6. 客人留下去向留言时，应确认客人的房号和姓名。

7. 应问清客人去向及有效时间，并提醒客人如去向及时间有变化应及时告知以进行相应的变更。

8. 如客人未能确定有效时间，则把计算机中留言记录的有效时间设置到23：59。

9. 将以上内容填在“客人去向记录单”上，把客人的去向通知楼层台班并记下工号。

10. 将客人的去向输入计算机“去向”处，把“客人去向记录单”归档备查，并通知柜台的同事留意。

11. 当与留言有关的客人来询问时，应把住客的留言告知该客人。

12. 接客人通知回房后，取消标志。

操作技能

住客留言的受理

一、工作准备

1. 熟悉当天住店宾客的客情。

2. 准备好足够的“住客留言单”。

3. 检查留言系统设施设备，保证其可正常使用。

二、工作程序

住客留言的受理工作程序和工作标准如下。

工作程序	工作标准
1. 问候宾客	“早上好/中午好/晚上好，欢迎光临！”如知道宾客姓名，应用姓名称呼宾客“××先生/女士好！”进行问候后，了解宾客需求
2. 核对宾客身份	（1）礼貌地请宾客报出房号和姓名或出示房卡 （2）在问讯架或计算机处核对宾客信息
3. 受理住客留言	（1）宾客电话留言：听清宾客的要求并填写留言单，请宾客提供姓名和联系方式，复述宾客的留言内容 （2）宾客总台留言：礼貌地请宾客填写留言单，并请宾客提供保留留言的有效时限
4. 向宾客道别	（1）提示宾客留言要求如有变化，应及时告知 （2）感谢宾客，预祝宾客在酒店入住愉快等
5. 登记宾客留言	在留言登记簿上对宾客的房号、姓名、接受留言宾客的姓名、留言时间及取消时间等进行记录
6. 处理宾客留言单	（1）请行李员将一联留言单送至总机，备查 （2）将另一联放在总台留言架相应的隔断内，以便来访者拿取

住客留言受理见范例 3-9。

范例3-9

住客留言受理

服务员：早上好，欢迎光临！我能为您做些什么？

宾客：你好，我想给来看我的朋友留个言。

服务员：好的，小姐。请问您的房号和姓名。(请出示您的房卡)

宾客：1508房，张琳。

服务员：(与房态核对是否为住店宾客) 张小姐，请您填写一下留言单好吗？

宾客：没问题。

服务员：(接过宾客填写好的留言单) 张小姐，您是想请您的朋友李红小姐来我店后，直接到咖啡厅找您是吗？

宾客：对的。

服务员：张小姐。您能告知我您大约什么时间段在咖啡厅吗？

宾客：从现在到中午11：30。

服务员：张小姐，也就是说从10：00到11：30是吧，那我把您的留言保留到11：30，您看可以吗？

宾客：可以。

服务员：那请您在留言单签名栏签个名。

宾客：给你。

服务员：谢谢您，张小姐，祝您在本酒店过得愉快！

宾客：谢谢。

三、注意事项

1. 请行李员送到总机的留言单一定要办理签收手续。

2. 来访者取走留言后，要及时通知有关部门，并请宾客在留言登记簿上签名，同时记录取走时间。

3. 如住客留言用计算机进行登记，在宾客取走或取消留言时，要及时在计算机中做好留言取消或记录。

4. 如果过了留言的有效时限，留言还未被取走或告知被留言人，酒店最好在与留下留言的住客联系后，再作废留言。

5. 本班次受理的留言如需交到下一班时，一定要做好交接。

学习单元2　访客留言的处理

一、访客留言

访客留言是指来访者或来电者想要联系住店宾客，而住店宾客暂时不在酒店时，来访者要求或服务员建议来访者为住店宾客进行的留言。

二、访客留言单

当来访者、来电者提出留言或同意留言时，服务员应请来访者填写“访客留言单”或帮助来电者填写“访客留言单”（见范例3-10）。“访客留言单”通常一式三联，总台问讯处一联，总机一联，第三联装入信封内由行李员从客房门缝塞进住客的房间。

范例3-10

访客留言单

自 From：______		给 To：______
房号 Room No.：______		
当您外出时 When you were out：		
□有电话找您 Telephoned：		电话号码 Tel. No.：______
□请回电话 Please call back		□将再来电话 Will call again
□有人来访 Came to see you		□将再来看您 Will come again
留言 Message：______		
经办人 Clerk：______	日期 Date：______	时间 Time：______

三、访客留言服务要求

1. 在确认宾客不在房间且没有留下去向或宾客房间电话占线等情况下，可为来访者或来电者提供留言服务。

2. 接到留言要求后，将留言者提供的住店宾客信息与计算机中储存的房态信息进行比对，核实其是否一致。

3. 受理电话留言时，一定要复述留言内容及要求，并将留言者的姓名、联系方式准确记下。

4. 受理来访者留言时，请来访者填写留言单。经办人要检查确认留言单上的住店宾客姓名和房号是否准确。

5. 及时、准确地将留言单送至总机和宾客的房间。

6. 保证客房的留言灯及时打开，以便宾客查询。

7. 住店宾客已收到留言后，要及时关闭留言灯。

8. 如是因房间电话占线而留的言，总机应使用电话的回叫功能，待宾客结束前一个电话后，立即告知宾客留言信息。

9. 不得将宾客的留言信息泄露给无关人员。

操作技能

访客留言的受理

一、工作准备

1. 熟悉当天住店宾客的客情。

2. 准备好足够的访客留言单、信封袋等。

3. 检查留言系统设施设备，保证正常使用。

二、工作程序

访客留言受理的工作程序和工作标准如下。

工作程序	工作标准
1. 问候访客	面带微笑向访客致意："早上好/中午好/晚上好，欢迎光临！"如知道访客姓名，应用姓名称呼访客："××先生/女士好！"进行完问候，应通过询问了解访客需求
2. 核对信息	(1) 礼貌地请留言者报出留言对象的姓名、房号 (2) 核对信息是否一致
3. 受理访客留言	(1) 电话留言：询问留言者留言内容并准确记录，礼貌地请留言者留下姓名、联系方式，逐一复述留言者的留言内容 (2) 总台留言：礼貌地请留言者填写留言单，请留言者留下姓名、联系电话等
4. 向访客道别	(1) 告知留言者酒店会在第一时间告知住店宾客留言信息 (2) 感谢访客的光临
5. 登记访客留言	在留言登记簿上将住客房号、姓名、留言时间等准确地记录在留言登记簿上
6. 处理访客留言单	(1) 请行李员将一联留言单送至总机，请话务员开启房间留言灯 (2) 请行李员将宾客联送至宾客房间 (3) 一联放在总台留言架或钥匙架相应的隔断内，以便来访者拿取

访客留言受理见范例 3-11，电话留言英文范本见范例 3-12。

范例 3-11

访客留言受理

服务员：早上好，欢迎光临！我能为您做些什么？

访客：你好，我想找 1508 号房的张小姐。

服务员：好的，请稍等。（查询并核对住店宾客信息）先生，请问您贵姓？您能告诉我张小姐的全名吗？

访客：我叫王力，要找的人叫张琳。

服务员：谢谢，王先生。请问您和张小姐事先预约过吗？

访客：没有。

服务员：请您稍等，我帮您联系一下！（打电话到张小姐的房间）对不起，电话没人接，张小姐可能还没回来。您看是否需要给她留个言？

访客：好的。

服务员：王先生，请您填下留言单好吗？

访客：没问题。

服务员：（接过王先生填好的留言单）谢谢，王先生！您是请1508房的张小姐回来后跟您联系，电话号码为×××××。

访客：是的。

服务员：请问您还有什么要求吗？

访客：没有了。

服务员：王先生，您放心，等张小姐一回来，我们马上告知她。

访客：谢谢。

服务员：不客气，很乐意为您服务。请慢走！

范例 3-12

电话留言英文范本

Date：March 2 2021	Time：10：00AM
Message for：Mr. Peter Schulz	Room No.：1508
Message From：Mr. Carol Man	

Message：Mr. Carol Man called to invite Mr. Peter Schulz to Dinner at Liming Food Restaurant tonight，at 6：30 pm. Mr. Carol Man's phone number is 1234567. Upon returning，the Peter Schulz is expected to connect Carol Man.

Taken by：Rose

三、注意事项

1. 请行李员送到总机和客房的留言单要办理登记和签收手续。

2. 住店宾客取走留言单后，经办人员要及时通知有关部门，并确保关闭客房留言灯。

3. 受理留言时，应确认留言是给住店宾客还是拟入住宾客，是给团队宾客还是散客。

4. 留给预计当天抵店宾客的留言，须在装有留言的信封上写上预计抵店宾客的姓名，与准备好的预订资料和登记单放在一起，以便宾客抵店时及时转交。

5. 本班次受理的留言如需交到下一班时，一定要做好交接。

6. 夜班核查当天所有留言的处理结果，保证已交给宾客的留言对应客房的留言灯关闭、计算机备注取消，未交给宾客的留言则做好记录并交接给下一班。

培训课程 4　客史档案管理

建立客史档案是酒店市场竞争环境的需要，也是保持宾客忠诚度的需要。酒店建立客史档案的目的是提高宾客满意度和扩大销售。建立客史档案对提高酒店的服务质量、改善酒店经营管理水平具有非常重要的意义。

学习单元 1　客史档案信息收集

一、客史档案的作用

1. 客史档案的含义

客史档案是酒店对在店消费宾客的个人自然情况、消费行为、信用状况、喜好、期望和特殊服务需求等进行的历史记录。

2. 建立客史档案的作用

酒店接待人员在接到宾客的订房要求时，首先应该关注该宾客与本酒店的过往关系，如该宾客是否住过本酒店？如果是，喜欢哪种类型的客房？在酒店的消费行为如何……因此，客史档案的作用如下。

（1）向酒店提供信息

1）宾客以前是否住过本酒店。

2）如果住过，什么时候住过，住过几次。

3）宾客的基本情况。

4）宾客对酒店是否重要。

5）宾客有哪些爱好、习惯。

6）宾客喜欢哪种类型的客房或哪个房间。

7）宾客住店期间的消费能力怎样，信用状况如何。

8）宾客的来源。

9）宾客对酒店的满意度如何，有无投诉记录。

（2）有利于酒店开展工作

1）为再次入住本酒店的宾客做好抵店前的各项准备工作。

2）为再次入住本酒店的宾客提供有针对性的服务。

3）在重大节日时给宾客以亲切的问候和惊喜。

4）宣传和促销酒店开发的新产品。

5）开展公关、营销等有关酒店的市场调研工作。

6）给多次住店的宾客寄感谢信或征求意见书等。

3. 建立客史档案的意义

（1）能根据宾客的需求特点，为宾客提供个性化的、有针对性的服务，提高宾客的满意度。

（2）有利于争取回头客，扩大和稳定酒店的客源市场。

（3）有助于提高酒店经营决策的科学性。

客史档案的建立使酒店能够对宾客的特征和历史消费情况进行量化分析，能够对客户的消费行为进行各方面的分析，有助于酒店了解“谁是我们的宾客，我们宾客的需求是什么，我们如何才能满足宾客的需求”，从而为酒店管理者提供有利的、科学的决策依据。只有给酒店带来利润最大而且忠诚度最高的那一部分宾客，才是酒店管理工作中最关键的部分，是最需要为之提供个性化服务的客户群。

客史档案在酒店管理中的重要性日益凸显，使得客史档案管理成为酒店的基础管理工作之一。

二、客史档案的信息来源

1. 客房预订记录

通过客房预订记录，酒店可以掌握酒店宾客预订客房的方式、预订客房的渠道、用房的数量、房间的种类、房间的价格、抵离店时间、接待要求等。

2. 入住登记单

通过入住登记单，酒店可以掌握住店宾客的基本情况，如姓名、性别、国籍、身份等，如图 3-27 所示。

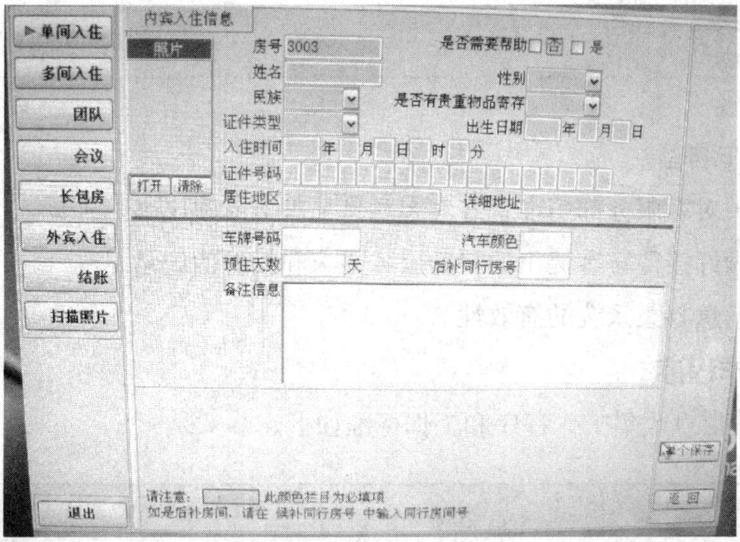

图 3-27 宾客入住信息

3. 宾客消费总账单

通过宾客消费总账单，酒店可以了解宾客在酒店消费情况，如宾客消费水平、消费项目、消费信用等。

4. 宾客意见记录

宾客意见记录包括各营业点的宾客意见征求卡或建议书和宾客的口头或书面投诉。酒店可以通过它了解宾客对酒店的评价和对客服务或管理方面的要求。

5. 各服务部门的接待记录

酒店可以通过各服务部门的接待记录了解宾客在消费过程中的需求、喜好及宾客的特点等。

酒店各对客服务部门的所有班组在平时的服务过程中，有意识有目的地对宾客的特殊要求、消费习惯等信息进行收集，作为客史档案的信息来源。前厅部负责整理归纳信息，建立客史档案。

及时、准确地收集客史档案资料是酒店做好客史档案的基础。这就要求对客服务部门的员工在服务的过程中要用心和善于捕捉有用的宾客信息。

操作技能

一、工作准备

1. 各相关对客服务部门准备好宾客意见征求卡或建议书。

2. 随时做好接待宾客提出的特殊服务要求和投诉的记录。

3. 保证信息收集系统的有效性。

二、工作程序

客史档案信息收集工作程序和工作标准如下。

工作程序	工作标准
1. 前厅部收集的信息	（1）宾客的姓名、性别、国籍、籍贯 （2）宾客的职位 （3）宾客的公司名称、地址 （4）宾客的有效证件号码 （5）宾客的联系方式（电话号码、电子邮箱等） （6）宾客的特殊个人信息（出生日、结婚日） （7）宾客预订客房的方式 （8）宾客确认预订客房的方式（电话、信函、网络、订房中心等） （9）宾客喜欢的房间类型和房号 （10）宾客使用房间的价格 （11）宾客的付款方式 （12）宾客的接待规格 （13）宾客每一次住店的天数（抵店或离店日期） （14）宾客每一次住店的消费额 （15）宾客的特殊服务需求 （16）宾客抵店、离店有无行李服务需求 （17）宾客投诉记录 （18）宾客有无贵重物品寄存、行李寄存服务需求 （19）宾客有无委托代办服务要求等
2. 相关服务部门收集并反馈的信息	餐饮部： （1）宾客喜欢的餐厅 （2）宾客喜欢的菜式、酒水、饮料等 （3）宾客用餐的习惯、方式 （4）宾客的消费能力 （5）宾客的付款方式

续表

工作程序	工作标准
2. 相关服务部门收集并反馈的信息	(6) 宾客喜欢的服务员或厨师 (7) 宾客的特殊服务需求 (8) 宾客对酒店管理方面的口头或书面意见和建议 客房部： (1) 宾客喜欢的客房用品 (2) 宾客喜欢的卫浴用品 (3) 宾客喜欢的房间布置 (4) 宾客要求清理房间的时间和次数 (5) 宾客要求做夜床的时间和次数 (6) 宾客喜欢的清扫房间方式 (7) 宾客喜欢饮用小酒吧中的哪些饮料 (8) 宾客在洗衣方面的具体要求（收取时间、洗涤要求、送回衣物的方式等） (9) 其他服务需求 (10) 宾客对酒店管理方面的口头或书面意见和建议 其他部门（康乐、销售等部门）： (1) 宾客的特点 (2) 宾客的喜好 (3) 宾客特殊服务要求 (4) 宾客对酒店管理方面的口头或书面意见和建议
3. 大堂经理收集、整理的信息	(1) 每天拜访住店宾客所获得的信息 (2) 从宾客投诉中获得的信息（宾客姓名、房号、投诉的原因、处理经过和宾客对处理结果的满意程度等） (3) 从宾客意见卡中所获得的信息

特别提示

由于酒店的规模或管理方式不同，各酒店客史档案信息收集工作的分工也不尽相同。以上的工作程序较为普遍，但无论以何种形式分工，都应注意信息收集的及时性和准确性。

宾客信息的收集见范例3-13。

范例 3-13

宾客信息的收集

服务员：早上好，欢迎光临！我能为您做些什么？

宾客：你好，我想结账。

服务员：好的，小姐，请出示您的房卡。

宾客：给你。

服务员：谢谢！是1508房，张琳小姐。请稍等（为宾客打印账单）。张小姐，您这是第一次入住我们酒店对吗？酒店给您印象最深的是什么？

宾客：哦，是中餐厅的美味鱼汤面和丁香排骨，真是回味无穷。

服务员：那您下次来南京一定还住我们酒店来品尝。张小姐，这是您的账单，您住了一晚，房价是880元，加上其他消费一共是2280元，请核对一下（宾客看账单）。张小姐，您对我们的服务还有没有什么意见或建议，比如说住的方面，我们会及时改进，更好地为您和宾客服务。

宾客：总的来讲不错。但是我的睡眠不太好，希望下次来能给我安排一间较安静的房间，房间的枕头一个就够了。

服务员：没问题，您下次来保证不用您提醒就会给您安排好。

宾客：谢谢！

服务员：张小姐，这是您的找零20元，还有发票，请您收好。

宾客：谢谢！

服务员：不客气！张小姐，对您这次在我酒店未休息好我感到很遗憾，不过您一定会给我们一次弥补的机会的，期盼着很快能再次见到您。祝您旅途愉快！

三、注意事项

1. 客史档案信息的收集要成为酒店日常运转工作的内容之一，酒店应能使每一位员工成为宾客信息收集的负责人。

2. 信息的收集要及时、准确、有针对性。

3. 收集并采用的信息要及时归档。

案例3-3

他们怎么都知道我的姓名呢

“有一次，我乘机抵达曼谷，酒店机场代表来机场接我，一见面，他就说：‘××先生，您好！要是我没记错的话，您有一年多没来我们酒店住了，是不是我们服务不好，什么地方使您不满意?’等到了酒店后，从门童到总台接待员，见到我好像见到老朋友一样，第一句话都是：‘××先生，您好！’我好生奇怪，他们怎么都知道我的姓名呢？我多长时间没来他们酒店他们都知道。但不管怎么说，我感到非常高兴，就好像回到家一样。”

[**评析**] 如果没有把宾客前次的住店信息进行存档，就不可能知道宾客有多长时间没来酒店，也就不可能获得宾客的称赞，让宾客有回到家的感觉。建立客史档案使酒店的服务更具人情味，是酒店在标准化、规范服务基础上的升华。

案例3-4

一杯胡萝卜汁的故事

“几年前，我和香港某酒店的总经理一起用餐时，他问我最喜欢什么饮料，我说最喜欢胡萝卜汁。大约6个月以后，我再次在该酒店做客。在房间的冰箱里，我发现了一大杯胡萝卜汁。此后，我不管什么时候住进这家酒店，他们都会为我准备胡萝卜汁。最近一次旅行中，飞机还没在启德机场降落，我就想到酒店里等着我的那杯胡萝卜汁，顿时满嘴口水。十年间尽管酒店的房价涨了3倍多，我还是住这个酒店，就因为他们为我准备了胡萝卜汁。”

[**评析**] 一杯胡萝卜汁的潜能如此之大，即使十年间房价涨了3倍多，仍然把宾客牢牢地吸引在自己的酒店，这就是因为酒店在掌握了宾客的需求之后建立了客史档案，并对客史档案进行了有效管理和运用，可见客史档案的威力。

学习单元2　客史档案的建立

一、客史档案的内容

1. 常规档案

常规档案的主要内容包括宾客姓名、性别、年龄、出生日期、婚姻状况、地址、电话号码、公司名称、职务等。收集这些资料有助于酒店了解、分析目标市场的基本情况，确定酒店客源市场。

2. 预订档案

预订档案的主要内容包括宾客订房方式，订房渠道，订房人或单位名称，订房和入住的季节、月份和时间，订房的类型和数量等。了解这些资料有助于酒店选择销售渠道、对象，适时掌握酒店客情，进行酒店客房的推销。

3. 消费档案

消费档案的主要内容包括宾客租用客房的种类、间数、天数、房价、餐费以及在商品、娱乐等其他项目上的消费额，宾客的付款方式、信用状况和支付能力等。了解这些资料有助于酒店了解宾客的消费水平、支付能力以及消费倾向、信用情况等，使酒店更有效地选择和发展自己的产品和客源对象。

4. 习俗、爱好档案

习俗、爱好档案是客史档案中最重要的内容，包括宾客旅行的目的、性格、脾气、爱好、兴趣、生活习惯、宗教信仰、禁忌、住店期间要求的特殊服务等。了解这些资料有助于酒店为宾客提供有针对性的个性化服务，提高服务效率和质量，从而达到培养酒店忠实客户的目的。

5. 反馈意见档案

反馈意见档案的主要内容包括宾客在住店期间的意见、建议、表扬和赞誉、投诉及处理结果等。了解和重视这些信息有助于酒店发现管理方面的问题和宾客的实际需求，使酒店改进服务质量，提高宾客的满意度和忠诚度。

二、客史档案的应用范围

1. 建立客史档案的对象

酒店建立客史档案的对象不是一脉相承的，是各家酒店根据本酒店的规模、客源市场、经营特点和管理要求而确定的。有的酒店为每一位住过店的宾客建立客史档案，有的酒店只为重要宾客建立客史档案。目前，大多数酒店都使用计算机操作系统建立档案，计算机会自动将每一位住过店的宾客信息转入客史档案管理系统。对于需要特别关注的宾客，酒店都会有明确的要求和管理规定。通常酒店建立客史档案的对象有以下几种：

（1）酒店的重要宾客。

（2）商务散客。

（3）回头率高的宾客。

（4）消费能力强的宾客。

（5）旅行社的领队或陪同。

（6）有不良消费行为的宾客。

相关链接

客史档案分类

A 类：

（1）每年在店消费 12 次以上。

（2）每年累计消费金额 12 000 元以上。

（3）企事业单位主要负责人或有重大影响的人士。

B 类：

（1）每年在店消费 8 次以上。

（2）每年累计消费金额 8000 元以上。

（3）重要企事业单位员工。

C 类：

（1）每年在店消费 4 次以上。

（2）每年累计消费金额 4000 元以上。

D 类：

（1）每年在店消费 2 次以上。

（2）每年累计消费金额2000元以上。

E类：

（1）D类以下宾客。

（2）省外游客、地州游客。

（3）属于其他类但第二年很少来店的宾客。

2. 建立客史档案的方式、原则和对客史档案的管理

（1）建立客史档案的方式

1）登记单。在宾客入住登记单的最后一联卡纸上除印有入住登记所需填写的栏目外，在它的背面还印有建立客史档案所需填写的栏目。这种方式简便易行，能收集最原始的宾客有效记录，适合没有使用计算机的小型、中型酒店使用。

2）客史档案卡。客史档案卡是专门印有各项须填写客史资料内容的卡片。这种传统的客史档案卡的建立是手工完成的，虽然在建档时速度慢、工作量大，调用不是很方便，但却是一种较为正规和实用的建档形式。有些酒店虽然已使用计算机建立客史档案，但对于重要宾客的信息仍然使用档案卡作为备份（见范例3-14）。

范例3-14

客史档案卡

宾客姓名			性别			国籍			
出生日期及地点						证件号码			
护照签发日期与地点						护照号码			
职业						职务			
工作单位									
单位地址						电话			
家庭地址						电话			
其他									
住店序号	住宿期	房号	房价	消费累计	习俗爱好	表扬、投诉处理	预订渠道	信用卡号	备注

3）计算机。利用计算机建立客史档案是目前酒店建立客史档案最主要的方式。将宾客个人的各种资料快速地输入计算机并储存起来，可供随时查阅，大大提高客史档案的使用效率。

（2）建立客史档案的原则

1）客史档案的建立必须得到酒店管理人员的大力支持，并将其纳入有关部门和人员的岗位职责之中，使之经常化、制度化、规范化。

2）必须随时将最新、最准确的客史信息进行存档。

3）使用档案卡的，要编订档案编目和索引，严格按顺序摆放，并坚持“一档一卡”。

4）必须定期整理，以保证客史档案的准确性和完整性。

3. 客史档案的管理

（1）分类管理

酒店除了对住店宾客的客史资料进行分类整理外，还应根据酒店管理需求对宾客进行分类，如根据宾客的客源地、消费能力、消费行为、满意度等进行分类统计，这样不仅能满足对客服务的需求，对酒店的经营与管理（如客源市场的定位、宾客的选择、服务质量的提升）也会起到积极的作用。

（2）定期清理

为了有效地发挥客史档案的作用，酒店应建立对客史档案系统检查和整理的工作机制。一般酒店每年应对客史档案卡或计算机档案进行两次清理，确保客史档案不重复建立，并保证客史档案的延续性和完整性。对清理出的死卡要进行安全销毁。

相关链接

某酒店建立客史档案的方法

1. 按部门要求或在宾客离店后，前厅接待处把入住登记单和酒店计算机系统内记录的有关该宾客的全部信息资料输入新的宾客客史档案中，内容包括宾客姓名、籍贯、职务、公司名称及地址、护照/身份证号码、有效期及国籍、出生地点及日期、住店信息（抵离日期、房间类型、房间号码、房间价格、预订来源、消费总额、付款方式、对酒店各营业场所的喜好、意见与投诉等）。

2. 预订处在建立起新的客史档案后，须在该宾客计算机客史账户中的宾客姓名后方注明新的客史编号，表明该宾客在酒店存有客史档案。

3. 酒店各营业部门在计算机客史账户中可根据宾客客史档案编号或宾客姓名进入对应宾客的客史档案查询或更改有关内容。

4. 酒店各部门在计算机中查询宾客的账户时，如看到宾客姓名后注有客史档案编号，应留意该宾客在本酒店的客史档案信息，以便跟进相关服务。

技能要求

客史档案的建立

一、工作准备

1. 准备好客史档案卡。

2. 保证随时能够将客史档案的信息建档。

3. 保证建立客史档案系统的有效性。

二、工作程序

客史档案建立的工作程序和工作标准如下。

工作程序	工作标准
1. 宾客进店后总台填写或输入常规档案资料和宾客住宿方面的资料	（1）宾客的姓名、性别、国籍、籍贯 （2）宾客的职位 （3）宾客的公司名称、地址 （4）宾客的有效证件号码 （5）宾客的联系方式（电话号码、电子邮箱等） （6）宾客的特殊个人信息（出生日、结婚日）

续表

工作程序	工作标准
1. 宾客进店后总台填写或输入常规档案资料和宾客住宿方面的资料	(7) 宾客预订客房的方式 (8) 宾客确认预订客房的方式（电话、信函、网络、订房中心等） (9) 宾客喜欢的房间类型和房号 (10) 宾客使用房间的价格 (11) 宾客的付款方式 (12) 宾客的接待规格
2. 宾客在店消费资料的填写或输入（有些酒店规定由相关的对客服务部门输入）	(1) 宾客喜欢的餐厅 (2) 宾客喜欢的菜式、酒水、饮料等 (3) 宾客用餐的习惯、方式 (4) 宾客喜欢的服务员或厨师 (5) 宾客在餐饮方面的特殊服务需求 (6) 宾客喜欢的客房用品 (7) 宾客喜欢的卫浴用品 (8) 宾客喜欢的房间布置 (9) 宾客要求清理房间的时间和次数 (10) 宾客要求做夜床的时间和次数 (11) 宾客喜欢清扫房间的方式 (12) 宾客喜欢饮用小酒吧中的哪些饮料 (13) 宾客在洗衣方面的具体要求（收取时间、洗涤要求、送回衣物的方式等） (14) 客房方面的其他服务需求 (15) 宾客的特点 (16) 宾客对酒店管理方面的口头或书面意见和建议
3. 宾客离店后填写或输入的资料	(1) 宾客每一次住店的天数（抵店或离店日期） (2) 宾客每一次住店的消费额 (3) 宾客的特殊服务需求 (4) 宾客抵店、离店有无行李服务需求 (5) 宾客的投诉记录 (6) 宾客有无贵重物品寄存、行李寄存服务需求 (7) 宾客有无委托代办服务要求等

三、注意事项

1. 各相关部门须按要求及时将收集和整理好的客史资料上报建档部门。

2. 客史档案的管理人员必须及时、准确地将最新的信息资料更新、存档。

学习单元3　利用客史档案提供针对性服务

一、针对性服务的规定

1. 酒店客史档案是酒店管理宾客的重要信息资料，各部门要严格遵守保密制度，任何员工都不得向无关人员泄露客史档案中的有关内容。

2. 客史信息的查询必须在员工的业务、职责范围内。

3. 客史信息的提取必须在所在部门的分管管理人员的许可和批准下进行。

二、针对性服务的技巧

1. 客史档案的管理和使用

（1）前厅在建立新的宾客客史档案后，在该宾客账户中注明客史档案编号，表明该宾客在酒店存有客史。

（2）酒店各使用部门可按照宾客客史档案的编号或宾客的姓名进入对应的客史档案中。

（3）在对客服务过程中，如在宾客账户信息中看到客史档案编号，就要特别留意该宾客在酒店的客史档案信息，以便及时、高效地跟进相关服务。

2. 客史档案的利用

利用客史档案对酒店每一个对客服务部门而言都非常重要。各部门可以利用它向宾客提供针对性服务，提高服务效率、服务质量，让宾客对酒店更加满意。

（1）客房预订

1）宾客订房时，若宾客是住过本店的，可利用该宾客客史档案，对客房房型、房价、房间朝向、楼层等进行有针对性的推销。

2）根据宾客预抵店一览表，查找出有客史档案的宾客，将宾客在店的一些特殊服务需求以书面的形式通知相关对客服务部门。

（2）前台接待

1）根据宾客喜好的房间预分房。

2）根据宾客客史档案的已有资料，提前为宾客做好入住登记工作，以便提高进店速度。

3）根据客史档案中记录的宾客接待时须注意的问题，提前提示各接待部门或员工，如宾客的性格、喜好、是否在酒店有过不愉快的经历等，以便做好接待服务。

（3）客房部

1）在宾客抵店前，根据宾客以往的喜好和习惯，布置客房并摆放卫浴用品。

2）在宾客抵店前，根据宾客以往的特殊服务要求，增放额外的毛巾、枕头、多功能插座等日用品。

3）在宾客抵店前，检查是否有与其相关的遗留物品记录，以便宾客入住时及时告知其认领。

4）宾客住店期间，按照客史档案中与特殊服务要求有关的信息，如对洗衣的特殊要求或对收取客衣、要求清洁房间与做夜床服务的时间等的特殊要求，提供有针对性的服务。

（4）销售部

1）对住店宾客进行拜访，了解宾客对酒店的意见和建议以及对服务方面的要求。

2）利用客史档案信息，定期或不定期地寄发酒店的宣传、销售资料和贺卡等。

（5）餐饮部

1）根据宾客的习惯和口味，为宾客安排菜式、酒水、用餐环境等。

2）根据宾客的喜好，提前安排好相应的厨师，餐厅服务人员做好服务准备。

3. 客史档案系统的运行（见图3-28）

（1）宾客预订客房时，可查询客史档案了解该宾客是否曾住过酒店，住过几次，住店时的房价、房型，是否有特殊服务需求等。

（2）未经预订的宾客入住时，接待员可根据宾客姓名查询其是否曾经入住过酒店，以提供针对性服务。

（3）宾客第一次入住酒店。

（4）常客和公司订房。

（5）预抵店宾客的接待准备工作。

（6）预订过的宾客抵店。

（7）宾客更改订房信息。

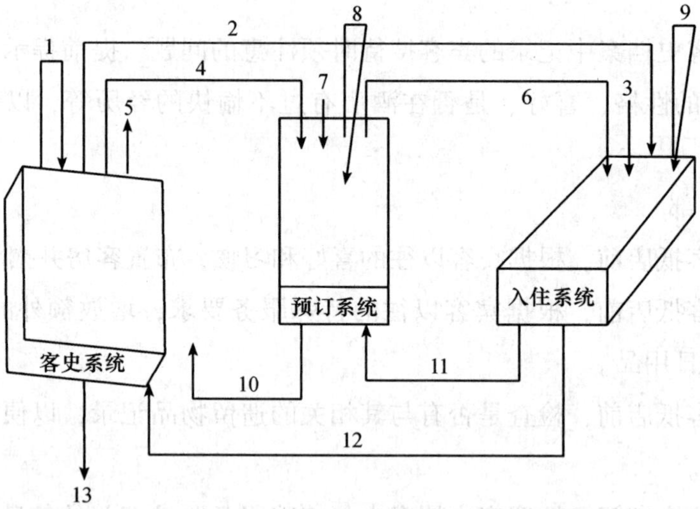

图 3-28　客史档案系统的运行

（8）住店宾客换房。

（9）宾客取消预订。

（10）预订过的宾客抵店。

（11）宾客离店时，办理返回预订。

（12）宾客结账离店。

（13）客史档案的整理。

相关链接

某酒店客史档案利用方法

酒店经理提前 1 个月安排专人将客史档案中的有用信息摘录出来，通过上门拜访或电话拜访的方式巩固老顾客。外联人员拜访顾客后须将拜访情况报直接上级审核后交给档案管理人员，建立“顾客拜访台账”。

当销售部要接待重要顾客时，要先申请查阅客史档案，以便掌握宾客详细情况，更好地为顾客服务。

案例3-5

喜欢"显摆"的客人

李先生是酒店的常客，他每次入住酒店后，酒店的公关部经理都会去问候或拜访他。李先生很爱面子，喜欢当着朋友的面来评价酒店。

这次，当公关部经理拜访他的时候，他又在朋友面前谈起酒店："我已经入住这个酒店不下十次了，但酒店仍然让我在前台办理入住登记手续，我知道这个酒店的生意好了，有没有我这个穷客人都无所谓了！"

[评析] 李先生从表面上看是在朋友面前"显摆"，但实际上是对酒店服务提出了不满。作为公关部经理应对李先生提出的问题引起重视，及时将宾客的意见和要求反馈给前厅部并记录在该宾客的客史档案中，以便宾客下次入住酒店时提供针对性服务。

操作技能

为宾客提供针对性服务

一、工作准备

1. 提前将预计抵店宾客的信息通知各对客服务部门。
2. 保证客史档案系统的有效性，做到可随时调用。

二、工作程序

为宾客提供针对性服务的工作程序和工作标准如下。

工作程序	工作标准
1. 抵店准备	（1）提前一天将宾客的要求或酒店对客服务要求方面的信息以书面的形式通知相关的对客服务部门 （2）根据已有宾客的信息，预先排好房，填写好入住登记单和房卡，准备好客房钥匙

续表

工作程序	工作标准
2. 入住接待	（1）对有预订的宾客用姓名称呼，在接待中有意识地让宾客感觉到酒店特意为其做了充分的准备 （2）对无预订的宾客要根据宾客提供的姓名主动查询客史，及时提供针对性服务 （3）在接待中如了解到新的有关宾客客史方面的信息，要及时记录并储存

针对性服务见范例 3-15 和范例 3-16。

范例 3-15

针对性服务（客房预订）

服务员：早上好，客房预订！我能为您做些什么？

宾客：你好，我是张琳。请帮我订 1 间 18 日到 20 日的房间。

服务员：好的，张小姐。您是否希望订 1 间朝南的豪华套房，楼层要高一些的？

宾客：是啊，你怎么知道？

服务员：张小姐，您这是第三次入住我们酒店了，前两次您预订的都是这种类型的房间，而且是无烟楼层，对吗？

宾客：对对对！

服务员：张小姐，您放心好了，如果可能的话，我们还将把您安排在前两次住过的房间。根据您上次入住时的要求，房间的枕头我们只为您准备了一个，您看可以吗？

宾客：好的，谢谢！

服务员：不客气！张小姐，您还有什么需求请及时告知我们。您订的房间我们将为您保留到 18：00，您有什么变化请提前与我们联系，我们将及时为您变更！

宾客：谢谢！

服务员：张小姐，我们期盼着您的光临。

范例 3-16

针对性服务（无预订宾客接待）

服务员：早上好，欢迎光临！我能为您做些什么？

宾客：你好，请帮我开 1 间 18 日到 20 日的房间。

服务员：好的，请稍等。小姐请问您贵姓？

宾客：姓张，张琳。

服务员：张是弓长张，琳是王字旁加双木林的琳是吗？

宾客：对。

服务员：噢，张小姐，您这是第二次入住我们酒店了，对吗？上次您住的是一间朝南的豪华套间，而且是无烟楼层？

宾客：是的。

服务员：张小姐，您喜欢上次住的房间吗？

宾客：很喜欢。

服务员：张小姐，这次还给您安排这间房，您看怎么样？

宾客：太好了！

服务员：张小姐，请出示一下您的证件……这是您的钥匙和房卡，我们已经将您房间的枕头按照您上次入住的要求减少了一个，您不介意吧？

宾客：你想得真周到……

三、注意事项

1. 调用客史信息应在相应部门或人员的对客服务范围内。

2. 应注意宾客的客史资料不得泄露给无关人员。

3. 在使用客史资料时，应注意宾客原有的资料是否进行过更改或录入新的信息，如有，则按要求进行及时调整或补充。

思考题

1. 贵重物品寄存的注意事项有哪些？
2. 宾客遗失贵重物品保险箱钥匙该如何处理？
3. 常用的外币识别方法有哪些？
4. 外币旅行支票的兑换与外币兑换的不同之处是什么？
5. 如何有效地建立和使用客史档案？
6. 酒店前厅部在建立和利用客史档案时所起的作用是什么？

参考文献

[1] 国家旅游局人事劳动教育司. 酒店前厅管理 [M]. 北京：旅游教育出版社，1999.

[2] 韦明体. 前厅服务学习手册 [M]. 北京：旅游教育出版社，2006.

[3] 栗书河. 前厅服务训练手册 [M]. 北京：旅游教育出版社，2006.

[4] 朱承强. 前厅服务 [M]. 北京：旅游教育出版社，2001.

[5] 姜玲. 星级前厅服务人员指导教程 [M]. 广州：广东经济出版社，2006.

[6] 吴梅. 前厅服务与管理 [M]. 北京：高等教育出版社，2002.

[7] 南兆旭，滕宝红. 如何做一名优秀的前厅经理 [M]. 广州：广东经济出版社，2005.

[8] “星级酒店服务培训指南”丛书编委会. 星级酒店前厅服务员培训 [M]. 北京：中国时代经济出版社，2006.

[9] 毛江海. 前厅服务与管理 [M]. 南京：东南大学出版社，2007.

[10] 金陵饭店工作手册 [M]. 南京：译林出版社，1999.

[11] 徐文苑. 酒店前厅管理与服务 [M]. 北京：清华大学出版社，2005.

[12] 刘慧明. 前厅服务员岗位职业技能培训教程 [M]. 广州：广东经济出版社，2007.

[13] 刘伟. 现代饭店前厅部服务与管理 [M]. 广州：广东旅游出版社，1998.

[14] 姜玲. 前台接待员工作手册 [M]. 广州：广东经济出版社，2006.

[15] 郑宏博. 前厅服务与管理 [M]. 北京：中国金融出版社，2006.

[16] 刘斐. 前厅技能实训 [M]. 北京：北京大学出版社，2007.

[17] 李莉. 前厅与客房服务实训 [M]. 北京：中国劳动社会保障出版社，2005.

[18] 李雯. 酒店前厅与客房业务管理 [M]. 大连：大连理工大学出版社，2005.

[19] 杨小鹏. 白天鹅宾馆管理实务 [M]. 广州：广东旅游出版社，2006.